中小学生
生涯规划
主题班会设计

谷力群 浦 曲 主编 梁 岩 副主编

清華大學出版社
北 京

内 容 简 介

本书共分为五章，内容主要包括：生涯意识唤醒、自我认知、升学规划、变化与适应、选择与决策。

本书为中小学教师提供一系列详细而实用的主题班会设计方案，可供他们在开展生涯规划教育主题班会时选择使用。

图书在版编目（CIP）数据

中小学生生涯规划主题班会设计 / 谷力群，浦曲主编．-- 北京：清华大学出版社，2025.1.
ISBN 978-7-302-67734-5

Ⅰ. G635.5

中国国家版本馆 CIP 数据核字第 2024KR6961 号

责任编辑：刘思含
封面设计：傅瑞学
责任校对：赵琳爽
责任印制：沈　露

出版发行：清华大学出版社
网　址：https://www.tup.com.cn，https://www.wqxuetang.com
地　址：北京清华大学学研大厦 A 座　　**邮　编：**100084
社总机：010-83470000　　**邮　购：**010-62786544
投稿与读者服务：010-62776969, c-service@tup.tsinghua.edu.cn
质量反馈：010-62772015, zhiliang@tup.tsinghua.edu.cn
印 装 者：小森印刷霸州有限公司
经　销：全国新华书店
开　本：185mm×260mm　　**印　张：**7.5　　**字　数：**140 千字
版　次：2025 年 1 月第 1 版　　**印　次：**2025 年 1 月第 1 次印刷
定　价：39.90 元

产品编号：103287-01

序

谷力群教授带领的团队编写的《中小学生生涯规划主题班会设计》即将在清华大学出版社出版，该书内容丰富、涵盖面广、可操作性强，为广大中小学教师提供了理论基础扎实和科学的班会课程设计指南。

2012 年，党的十八大提出把立德树人作为教育工作的根本任务，恰逢其时，北京师范大学资深教授林崇德带领全国的研究团队通过多维度的研究方法，建构了中国学生发展核心素养体系总框架，标志着中国教育改革进入了一个新阶段，即教育改革的“3.0 时代”。作为一套有系统规划设计、指向 21 世纪育人目标的体系，中国学生发展核心素养的建构具有非常重要的意义和价值，它从多个途径和多个角度引导整个教育系统的变革：指导课程改革、指导教学实践、引导学生学习、指导教育评价。它不仅有助于落实立德树人的根本目标，也为课程改革和育人模式变革提供了方向，有助于提升“大思政课”的教育质量和效果。我有幸参与了研发的过程，同时也结合了我们团队长期研究儿童、青少年健全和创造性人格的成果。“核心素养”的丰富完善和最终落实，需要来自教育系统内外社会各界的共同努力，这是一个不断推进和层层落实的复杂过程。《中小学生生涯规划主题班会设计》基于核心素养体系的总框架应运而生，旨在以班会课堂为重要的教育载体，为中小学教师提供一套行之有效的班会方案，有效提高班会课堂的利用率，促进学生的全面发展，切实地落实核心素养。

班会课堂是基础教育中一个独特的存在，它不仅是我国学生集体活动的场所，更是学生自我教育、自我管理的重要平台。通过班会，学生可以树立集体意识，促进身心发展，培养良好习惯。然而，在现实教学中，班会往往容易被忽视，甚至被误用，这浪费了教育资源和教育的良机，而《中小学生生涯规划主题班会设计》正好为中小学教师提供了很好的抓手。

谷力群教授主编的这本书具有以下三点与众不同之处。

一是理论性和本土性的统一。这本书以中小学生核心素养为基础，从核心素养的三大方面、六个维度和十八个具体内容设计了符合新课标、理论根基深厚的主题。目标是培养全面发展的人，不仅仅关注知识的传授，更注重必备品格和关键能力的培养，以适应社会和终身发展的需要。班会本身也是我们国家基础教育中特有的特色活动，大多数活动的素材都源于中华民族的传统文化。

二是思想性和实践性的统一。这本书是落实“核心素养”的一个尝试，以“一个主题多个实操案例”为特色，班会主题与国家教育方针相一致，提供了丰富的班会主题和实操案例，满足不同学龄段的教学需求。书中提供了详尽案例，辅以课程设计理念与方法的介绍，助力班会的全面开展，既有思想性又有实践性。

三是文字和数字化的统一。目前 90 后和 00 后已经成为中小学教师中的骨干力量，为了适应他们的教学特点，也为了节约教师们的时间，这本书与时俱进，突出了内容的前沿性和使用手段的数智化，不仅提供文字材料，还配套了丰富的多媒体资源，包括视频、PPT 等。

教育是一项系统工程，需要我们不断地探索和实践。《中小学生生涯规划主题班会设计》的出版，是对基础教育事业的一份贡献。我相信，这本书的出版，能够激发更多的教育工作者落实核心素养体系，提高基础教育教师的对学生身心发展规律的认识，共同推动我国教育事业的发展。

刘　文

中国心理学会认定的心理学家

世界学前教育组织（OMEP）中国委员

中国社会心理学会常务理事

中国心理学会理事

中国教育学学校教育心理学分会常务理事

前　言

随着社会的不断变化和发展，中小学生面临着越来越多的选择，生涯规划成为他们成长过程中的重要课题。本书的每个章节都涵盖了不同的主题，从生涯意识的唤醒、自我认知的探索，到升学规划、适应变化和做出决策等方面，为教师提供了全面而实用的班会设计方案。

本书的每个主题班会都结合了相关的理论知识和互动交流活动，旨在帮助学生确立发展目标，明晰发展路径，优化个性品质，提升心理素质，开发内在潜能。

通过参与这些主题班会，学生们能够增强对自己的认知，发现自己的兴趣和优势，了解不同的职业和学习路径，学会做出明智的选择和决策。本书的每个主题班会都经过精心设计，结合了小组讨论、个人反思等多种活动形式，旨在帮助学生去思考和参与，让他们有所获益。

本书内容丰富，提供了适用于不同年级的班会设计，方便教师根据学生的特点和需求选择合适的内容进行组织。我们希望本书能够成为学生们生涯规划教育的有力工具，帮助他们成长为有自我认知、有规划意识和适应能力的个体。

由于编者能力与水平有限，本书还有很多的不足之处，期望阅读本书的教师和专家给予批评指正，以便我们不断修订完善。

编　者

2024 年 10 月

扫码获取图书配套资源

目 录

第一章　生涯意识唤醒

1.1 “假如你的人生是这样”（小学生适用）

今天的主题班会将给大家带来一个有趣而富有想象力的主题：“假如你的人生是这样”。我们将一起思考和探讨关于未来的生涯规划和选择。请大家思考一下，如果你的人生是一本书，你希望其中的篇章是怎样的？

互动交流1　爱迪生的梦想

很久以前，人们生活在没有电灯的时代，只能依靠煤油灯和蜡烛来照亮漆黑的夜晚。但有一天，一个富有创造力的美国人发现电流通过金属丝时会发光。他开始思考，能否找到一种方法，让电流通过一根金属丝时不会烧断，并能够持续发出明亮的光芒。这个简单而伟大的想法，就是电灯最初的起源。产生这个想法的人，就是爱迪生。

于是，爱迪生开始了一场漫长而艰苦的实验之旅。为了实现愿望，他进行了一万多次的实验，但每一次都以失败告终。然而，爱迪生并没有因此而放弃，他坚信只要继续努力，总会有一天能够找到解决方案。每一次失败都是一次宝贵的经验，他从中吸取教训，并不断进行改进。终于，在无数次的尝试和失败之后，爱迪生成功地找到了一种能够持续发光的电灯设计。

爱迪生的发明彻底改变了人们的生活。电灯的出现让人们可以在任何时间享受到明亮的光线。这项伟大的发明不仅在科技上取得了突破，也推动了工业革命的进程。电灯的普及让城市的夜晚不再黑暗，为人们的工作、生活和娱乐提供了便利。

讨论

请学生写下自己的梦想，并说一说为了实现梦想会做哪些事，不让今天的“梦想”变成“空想”，变成“白日做梦”。

评析

文章通过爱迪生的努力和坚持展示了一个人追求梦想的决心和毅力，告诉学生需要不断尝试、坚持不懈；面对困难时要敢想敢干，才能让梦想成真。在小学阶段，学生正处于一个好奇心强、喜欢探索和发现的时期。此时，帮助他们树立正确的目标与追求梦想是学校和家庭教育的重要任务之一。

扩展习题

1. 以下哪项是实现梦想所必需的品质？（　　）

A. 勤奋与努力　　B. 幸运和机遇

C. 智慧和天赋　　D. 社交和人际关系

2. 以下哪种行为最能体现对梦想的坚持？（　　）

A. 放弃并选择其他目标　　B. 在困难面前坚持不懈

C. 依赖他人来实现梦想　　D. 不做任何行动

3. 以下哪个行为最能帮助一个人实现梦想？（　　）

A. 等待幸运降临　　B. 与他人分享梦想

C. 制订明确的目标和计划　　D. 追求短期的快乐

4. 努力和坚持梦想的重要性体现在（　　）。

A. 实现财富和名声　　B. 培养自律和毅力

C. 获得他人的认可和赞赏　　D. 轻松应对生活中的挑战

答案：A　B　C　B

互动交流 2　儿时梦想

虽然戴维·布伦克特的眼睛天生看不见东西，但他却是一个精力充沛、勇敢的人。他从小就热爱冒险，喜欢爬树、骑车、滑雪等活动，即使摔得鼻青脸肿，也从未放弃对世界的探索。

幼儿园的老师布置了一个练习，让孩子们写下自己的梦想。其中一个叫戴维的孩子写下了自己的梦想：成为英国内阁大臣。因为那时英国还没有任何盲人进入内阁任职。老师将这些孩子的练习本收了起来，并在 50 年后的一次整理中偶然发现了这些练习本。老师决定通过媒体寻找当年的这些孩子们。然而，名叫戴维的孩子一直没有音信。直到一年后，老师收到了来自英国内阁教育大臣布伦克特的来信。

在回信中，布伦克特写道："那个叫戴维的人就是我，非常感谢您一直为我保存着儿时的梦想。然而，我已经不再需要那个练习本了，因为从那时起，那个梦想一直在我脑海中，我从未放弃。50 年过去了，我已经成功实现了那个梦想。我希望通过这封信告诉其他 30 位同学，只要坚持不让年轻时的美丽梦想随着岁月消逝，成功终将出现在你们的眼前。"

讨论

1. 教师组织学生进行小组讨论，说一说戴维·布伦克特为什么能够实现自己的梦想，各小组派代表与全班交流。

2. 心理引导：培养学生实现目标和抗挫折的能力。

评析

戴维·布伦克特的故事告诉我们在人生的旅途中，拥有一个坚定的梦想能让我们的生活更加充实和有意义。梦想是每个人心中最美好的愿望，而给孩子最好的教育就是梦想教育。只有让孩子从小见识更大的世界，他们才能拥有更大的梦想，并通过体验和经历来不断增加实现梦想的可能性。

在实现梦想的过程中，遇到困难和挫折是不可避免的。然而，人们需要不断自我激励，寻找解决问题的方法，并培养自己实现目标和抵抗挫折的能力。即使在很多人看来，梦想或许是不可能实现的事情，但怀揣梦想的人们会从一个个小目标开始，不断努力，持续不断地前进。随着时间的推移，梦想渐渐成了他们生活的一部分，成为一种生活方式。

建议家长和教师让孩子观看一些成功人士的演讲或纪录片，通过讲述名人的故事和成长经历，激发孩子的想象力和梦想，启发孩子树立远大的目标。这些故事可以是有关于科学家、艺术家、运动员等各行各业的成功人士的，他们的经历和成就将激励孩子坚持追求自己的梦想。

培养孩子的专业技能固然重要，但梦想教育绝不容忽视。它能够激发孩子们内心的激情和动力，使他们对未来抱有美好的期待。通过不断拓宽孩子的视野、培养他们的自信心和勇气，我们可以帮助他们建立起积极向上的人生观和价值观。

1.2　寻找学习的意义（小学生适用）

在学习旅程中，有时候我们可能会感到迷茫或者对学习的意义有所质疑。学习不仅仅是为了应付考试或者获得好成绩，它是我们成长的重要一部分。它帮助我们拓宽知识面、培养技能、发展才能，并且让我们更好地适应社会的变化。学习还可以激发我们的好奇心，培养创新思维，让我们养成积极思考的习惯和培养解决问题的能力。在本次班会中，我们将一起探讨学习的意义，并分享彼此的经验和思考。希望这次班会能够激发你们对学习的热情，帮助你们找到属于自己的学习意义，为未来的学习道路注入动力。

互动交流 1 学习的定义

故事 1：有一只饿猫被关在一个迷箱里面，箱外放着一盘食物。迷箱内部设有一个可以打开门闩的装置，一根绳子一端拴着门闩，另一端有一个踏板。只要猫按下踏板，门就会打开。第一次被放入迷箱时，猫不知所措，乱冲乱撞，试图用咬或爬的方式逃离。最终，它偶然碰到了踏板，门打开了，猫逃到了箱外，享受到了食物。然后，猫被再次放回迷箱，它仍然会进行一系列的冲撞、咬抓动作，但所需的时间少了一些。经过多次尝试，猫逃离迷箱所需的时间越来越短，无效的动作也逐渐被排除。最终，猫一进入迷箱就会按下踏板，逃到箱外，得到食物。通过"尝试—错误—再尝试"的过程，这只猫学会了"踏板—开门—吃食"的联结。

故事 2：一只叫基加的猩猩被关在一个大笼子里，无法触及笼顶上挂着的香蕉。笼子里还放着几只箱子。基加试图用它熟悉的方式取到香蕉，但无济于事。它坐在那里，目不转睛地盯着香蕉，似乎在思考。突然，它意识到箱子不是随便放在那里的，它察觉到了箱子和高处香蕉之间的关系。于是，基加跳起来，搬了一个箱子放在香蕉下面，自己站上去，但还是够不到香蕉。基加感到无奈，只得坐在箱子上休息。突然，基加再次跳起来，将坐箱叠在另一只箱子上，迅速爬上去拿到了香蕉。经过三天，实验者稍稍改变了实验情境，基加仍能利用之前的经验来解决新问题。基加的学习是一种对事物之间关系的突然领悟，也可以称之为"顿悟"。

故事 3：阿基米德接受了皇帝的命令，要他在不破坏皇冠的前提下检测皇冠的含金量。他苦思冥想，一直找不到解决办法，甚至在洗澡的时候仍然在思考。当他进入浴缸的时候，看着满满的水溢出来，突然，他想到了进入浴缸的物体的体积与溢出水的体积之间的关系。这个想法让他豁然开朗，解决了检测皇冠的难题。

讨论

1. 请学生思考：这些故事带给我们什么启示？
2. 教师组织学生小组讨论学习的意义是什么，各小组派代表进行总结发言。
3. 教师让学生结合自己的实际情况，讨论努力学习会带来什么样的体验。

评析

我们可以观察到，学习者经过一定的训练后往往会出现某种变化。这种变化是复杂的，涉及认知、情感和运动等多个方面，而导致这种变化的心理机制也是多样的。有的是通过渐进的"试错"过程，逐渐改进和调整；有的则是突然的"顿悟"，在某一瞬间获得深刻的理解；还有一种是通过与环境的动态平衡，通过"同化"和"顺应"来适应和保持平衡。总之，学习是一个复杂而多元的过程，涉及了多个心理机制和变化。

学习力是指一个人或一个组织学习的动力、毅力、能力的综合体现，学习力是学习型组织的根基。学习动力是指自觉的内在驱动力，主要包括学习需要、学习情感和学习兴趣。学习毅力，即学习意志，是指自觉地确定学习目标并支配其行为克服困难、实现预定学习目标的状态。它是学习行为的保持因素，是学习力中不可或缺的要素。学习能力，是指由学习动力、学习毅力直接驱动而产生的接受新知识、新信息并用所接受的知识和信息分析问题、认识问题、解决问题的能力，主要包括感知力、记忆力、思维力、想象力、创造力等。

互动交流2　学习的意义

有一位学生，由于父母忙于经商，没有太多时间照顾他，他有时候会去他的老师家住几天。这个学生非常热爱学习，从不需要别人催促，只要有时间就会主动去学习。

有一天，老师问自己的孩子和这个学生："你们能告诉我，我们为什么要学习吗？"

老师的孩子回答得很简单："为了获得更多的知识。"而这个学生则说："我们现在学习是为了将来能够自主学习。"

老师当时非常惊讶，这个学生能够有如此深刻的认识，可谓与众不同。

讨论

1. 教师组织学生小组讨论自己为什么要学习，各小组派代表进行总结发言。

2. 教师鼓励学生分享他们对学习的看法。教师引导学生反思自己的学习动力和目标，以及如何培养自主学习的能力。

3. 教师让学生列举出学习的好处，并探讨学习对个人和社会的影响。

评析

学习的意义是一个经常被探讨的话题。学生了解为什么学习，它的意义和目的是什么，是非常重要的事情。学生学习应当是为了掌握学习技能，培养自主学习能力，这样才能在将来学到更多的知识，并始终保持领先于同龄人的状态。只有怀着为自己学习的心态，才能平心静气地专注学习，从而真正获得丰富的知识，赢得他人的尊重，并实现自己的理想。

扩展习题

1. 学习最主要目的是什么？（　　）

A. 获得高薪工作　　B. 增加知识和技能

C. 得到优秀的分数　　D. 提高社交地位

2. 学习对个人发展的重要性体现在以下哪个方面？（　　）

A. 获得名誉和荣誉　　B. 提高个人生活质量

C. 获得他人的认可和赞赏　　D. 扩大社交圈

3. 学习的好处不仅体现在职业发展上，还可以帮助个人（　　）。

A. 体验新事物和文化　　B. 获得金钱和财富

C. 增强身体健康　　D. 提高社交技巧

4. 以下哪个选项最能说明学习的价值？（　　）

A. 获得高学历和学位　　B. 增加自信和自尊

C. 获得权力和影响力　　D. 提高生活的安全性和稳定性

答案：B　B　A　B

互动交流3　为谁学习？

小伟和他的爸爸在家里进行了一次对话。

爸爸问小伟："告诉爸爸，你觉得你是为谁学习的，是为了爸爸妈妈还是为了你自己？"

小伟认真地思考了一会儿，然后郑重地回答："是为了我自己。"

爸爸追问："为什么你选择为自己学习呢？"

小伟回答道："因为你和妈妈都是研究生，你们已经懂得很多东西了，不需要我为你们学习。"

讨论

1. 教师组织学生小组讨论"你为谁而学习？"，各小组派代表进行总结发言。

2. 教师引导学生思考学习对个人知识、技能和机遇的影响，以及学习如何帮助他们实现自己的目标和梦想。

评析

小伟的话虽然有些天真，但是他说的为自己而学习的观点是正确的。小组讨论"为谁而学习"这个话题，有助于学生提升学习的主动意识，了解学习可以丰富自己的知识，让自己成为一个知识渊博的人。任何事物只有学习了才会了解，才能够知道该怎么做。一个人只有怀着为自己学习的心态，才能平心静气地认真学习，这样才能真正获得丰富的知识，赢得他人的尊重，并实现自己的理想。当学生明白了这个问题，就不会整天想着如何逃避学习了。

互动交流 4 充分利用资源，创造学习环境

在晋代，车胤从小就热爱学习，然而家境贫困，无法提供良好的学习环境。夏天的一个晚上，他正在院子里诵读文章，突然看到许多萤火虫在低空中飞舞。这些闪烁的光点在黑暗中显得格外耀眼。他灵机一动，想到如果将这些萤火虫集中在一起，不就可以用来照明读书了吗？于是，他拿来一只白绢口袋，抓了几十只萤火虫放进去，然后扎紧袋口，将它吊起来，就可以勉强用来照明读书了。从那时起，每当有萤火虫出现，他就会去抓一些来当作灯光使用。由于他勤奋学习，最终他成功地担任了高官职位。

孙康和车胤一样面临着家境贫困的困境。由于没有钱买灯油，晚上他无法看书。孙康感到这样白白浪费时间非常可惜。有一天半夜，他从梦中醒来，发现窗缝里透进一丝光亮。原来是大雪映照出的光亮。于是，他立刻穿好衣服，拿出书，来到屋外。大地上的雪光比屋里亮得多。尽管寒冷刺骨，孙康毅然决定开始阅读。手脚冻僵了，他就起身跑步，同时搓搓手指。从那以后，每逢下雪的晚上，他都会珍惜这个机会，坚持不懈地读书。这种苦学的精神促使他的学识飞速提升，最终成为一位饱学之士。

讨论

1. 教师组织学生小组讨论读书的目的，各小组派代表进行总结发言。
2. 心理引导：使学生明确正确的学习观念是有效学习行为的前提和基础。

评析

无论是车胤还是孙康，他们都在困境中积极主动地创造适合自己学习的环境。尽管因家境贫寒面临没有灯油的困境，他们依然不放过任何学习机会。无论是在古代还是现代，这种精神都是成功的关键。同时，车胤和孙康没有被困难拖垮，毅然决然地利用萤火虫和雪光来看书，采用了一种非常创新的方法来解决问题。这也启示了我们，在面对困难和挑战时，创新和解决问题的能力同样重要。

我们应该善于发现和利用周围的资源，创造适合自己学习的环境。学习是需要持续努力和不懈奋斗的，我们不能浪费任何一个学习的机会。

1.3 努力绽放自己的人生（初中生适用）

世界是美好的，它的美好在于有生命的存在。我们每天都可以看到无数的生命，而且我们每个人就是一个生命。生命是一段珍贵而独特的旅程，每个人都在这个旅程

中扮演着特定的角色。但是，我们是否真正思考过自己的生命有何意义呢?

人为什么活着？对于有些人来说，生活本身的丰富多彩和生命无穷的奥秘已经是一个令人满意的答案了。但是，对有些人而言，这个问题的答案是为了让生命更有意义。我们每个人都有自己的梦想和渴望，通过努力追求并实现这些目标，能够感到自己的生命是有意义的。

请同学们思考：怎样的一生是值得过的？能够活出自己的人生，实现自我价值，这样的一生是值得的；在看到别人需要帮助时付出自己的爱心，无论事情大小，都能承担起自己的责任，这样的一生是值得的；将个人追求建立在人类共同需要的基础上，这样的一生是值得的。

互动交流1　实现生命的价值

在四川芦山地震后不久，轮椅上的爱心女孩葛丽娟拿着她积攒的1000元稿费，亲自前往芦山地震灾区，将这笔钱捐赠出去。她用自己的行动展示了无私和关爱，成为一个令人敬佩的爱心志愿者。

葛丽娟组织志愿者开展了多项志愿服务活动，以帮助那些需要帮助的人。他们在黄河壶口瀑布景区义务植树，看望并帮助孤残儿童，为中小学学生捐赠爱心礼盒和体育用品，等等。葛丽娟希望通过这些活动，给予他人关怀和温暖。

为了帮助像她一样的残疾朋友，葛丽娟成立了一个名为“以爱相携”的QQ群。她每天抽出时间与群中的残疾人交流，分享她的亲身经历和学到的心理学知识，帮助他们树立信心，战胜困难。她用自己的经验和鼓励的话语，帮助这些人重新找到生活的价值和勇气。

葛丽娟也积极参与帮助贫困生进入大学的活动。她多次与山西临汾的志愿者联系，组织募捐活动，为这些学生提供资助和支持。此外，当知道被大火烧伤成重度残疾的农妇徐宝娥的情况时，她连夜将徐宝娥的不幸遭遇写成稿件，向各大媒体求助，希望能够使徐宝娥得到更多的帮助。

葛丽娟用自己的实际行动感染着越来越多的人加入爱心志愿者的行列。她被誉为“爱心大使”，成为一个榜样，鼓舞着更多人做出无私的奉献。

讨论

1. 教师组织学生思考：葛丽娟是怎样实现自己的生命价值的？你打算怎样向她学习，实现自己的生命价值?

2. 教师引导学生思考参加过哪些志愿活动，这些活动对自己有着怎样的意义。

3. 心理引导：使学生知道自己存在的价值，知道什么样的生命更有价值。

评析

德国教育学家斯普朗格曾经说过："教育的最终目的不是教授已有的东西，而是要把人的创造力量诱导出来，将生命感价值感唤醒。"

葛丽娟的故事让我们思考如何实现生命的意义。生命的意义在于自己对人生目标的领悟和坚守，在于使自身绽放出个性的光华，而生命意义的实现在于奋斗。

互动交流 2　人生的意义

2015 年 10 月 5 日，中国科学家屠呦呦荣获 2015 年诺贝尔生理学或医学奖的消息震动了全球科学界。该奖旨在表彰在生理学或医学领域作出重要发现或发明的人。屠呦呦是第一位获得诺贝尔科学奖的中国本土科学家，她的成功是通过艰辛付出的努力所取得的。

青蒿素的发现并非一帆风顺，屠呦呦和她的团队经历了一次次失败和挫折。然而，他们并没有因此而放弃，而是坚持不懈地进行实验。正是那种锲而不舍的"韧劲儿"，使他们在科学研究中取得突破。

在第二次世界大战结束后，疟疾的疟原虫逐渐产生了抗药性，成为全球医学界面临的严峻问题。中国政府意识到了解决这一问题的紧迫性，启动了"523 项目"，旨在寻找新的治疗方法。屠呦呦和她的团队开始了一场艰苦的探索之旅。在这个过程中，屠呦呦投入了大量的时间和精力，进行大量实验和研究，展现出了勇于探索的"钻劲儿"。最终，她的努力得到了回报，她和她的团队发现了青蒿素这一重要的药物，为疟疾治疗开创了新的方向。如果没有这种勇于探索的精神，这项重要的科研成果可能会付诸东流。

讨论

1. 教师引导学生思考：我们为什么活着？生命有何意义？人生的价值是什么？
2. 请学生分享名家的墓志铭、自传等，让学生思考活着的意义。
3. 教师引导学生思考：屠呦呦的人生意义在哪里？你从她身上学到了什么？

评析

屠呦呦的故事给我们带来了许多启示。首先，我们要有坚持不懈地追求目标的精神，像她一样锲而不舍地追求自己的梦想。其次，我们要勇于创新和探索，才有挖掘未知领域的可能性。最后，我们要认识到个人的努力需要得到社会和国家的支持和鼓励，只有这样才能取得更大的成就。屠呦呦的人生意义在于她为人类健康作出了巨大贡献，推动了中医药的发展。从她身上，我们学到了坚持不懈、勇于创新和探索的精神，理解了个人努力与国家支持相结合的重要性。她的故事将激励着我们在自己的领域中追求卓越，为社会和人类作出更多贡献。

1.4 规划决定未来（初中生适用）

西方有句谚语："如果你不知道你要到哪儿去，那通常你哪儿也去不了。"我们的生活是忙碌的，时常充满了迷茫和不确定性。在这个纷繁复杂的世界中，我们常常面临着选择的困扰。是向左走还是向右走？在这个抉择的时刻，我们需要停下来，冷静思考，做好准备再继续前进。因为只有明确了方向，我们才能在人生之旅中获得更有意义的成果。

你是否为你的将来做好了选择呢？有没有制定一份规划，明确自己的方向？这是我们每个人都需要思考和解答的问题。当拥有一个清晰的目标和规划时，我们就能更好地利用时间和资源，更加高效地追求自己的梦想。

互动交流 1 认识自我

鲫鱼、刀鱼、河豚是长江里三种味道非常鲜美、肉质非常细嫩的鱼。虽然它们的习性和体形都不同，但它们都有一些天性上的缺陷，人类正是利用了这些缺陷，才能较容易地捕获它们。

当鲫鱼入网时，只要稍微后退一点，就能够逃脱。然而，鲫鱼却爱惜自己的鳞片，不肯后退，只是不顾一切地往前冲，最终被渔网捕获。

刀鱼的形状如同匕首，背部有坚硬密集的鱼鳍。与鲫鱼相反，当它入网时会迅速后退。这时，它的鱼鳍就被网目死死卡住。实际上，只要刀鱼继续往前游，就可以穿过网眼，逃出渔网。

河豚身上没有鳞片，也没有硬鳍，表皮上有密密的钉刺。与鲫鱼和刀鱼不同的是，河豚入网后会拼命地给自己打气，肚皮一下子变得圆滚滚，试图胀断网目，结果连渔网一起浮出了水面。

捕获鲫鱼、刀鱼、河豚的过程，从客观上说，就是人类利用了它们自身天性的缺陷。这提醒我们，在人生的旅程中，我们有时候也会因为自身的缺陷或错误的选择而被困住。但只要我们能够正视自己的缺陷，反思并勇敢地面对，就有机会突破困境，实现自己的目标和梦想。

讨论

1. 请学生写下自己在学习、运动、艺术、生活等方面的兴趣。

2. 将学生分成小组，先由学生本人列举自己优势和劣势，然后其他同学进行补充，使学生对自我的认识更加全面而客观。

3. 请学生在小组内交流并书写自己的成就事件。

所谓的成就事件，就是那些自己做过的、自认为比较成功或是感觉很不错的事情。这些事件不一定只是学业上的，也可以是课外的活动、家庭的生活，等等。而成就也不一定就是惊天动地的大事情，可能只是一次默默品尝的胜利，比如，组织了一次同学的聚会；帮助好友及时解决了问题；修好了坏掉的电脑；等等，这些都可以成为一个成就事件。符合以下两条标准的事件即为成就事件：一是你喜欢做这件事时体验到的感受；二是你为完成它而感到自豪。别人对这件事情的认可或表扬，不作为评价这件事情是否为成就事件的标准。

评析

一个人在自己的生活经历中，在所处的社会环境中，能否真正认识自己、肯定自己，如何塑造自己的形象，如何把握自己的发展，如何做出抉择……这将在很大程度上影响或决定着一个人的前程与命运。换句话说，你可能会感到自己渺小而平庸，也可能会拥有美好而杰出的人生。这在很大程度上取决于你是否能够经常自我反省，充分地认识自己，并在此基础上真正了解自己。

互动交流2　为未来定位

在地铁旁边，有一个乞丐边行乞边卖地图。当然，行人主要是给予他施舍，很少有人购买他的地图。

有一天，一个商人经过，向乞丐的杯子里投入几枚硬币，然后匆匆离开。过了一会儿，商人突然意识到自己忘了拿地图，于是返回找乞丐。商人对乞丐说：“噢！我忘了拿地图，你是在做生意，我也是，我们都是商人。”

几年后，这位商人参加了一个高级酒会，遇见了一位衣着优雅的先生，向他敬酒并表示感谢，说：“我就是当初卖地图的乞丐。”

正是因为商人那句“我们都是商人”，改变了乞丐的人生。

讨论

1. 教师提出问题：你觉得商人对乞丐说“我们都是商人”有什么深意？激发学生的思考，并引导他们从不同的角度思考故事中的主题。

2. 鼓励学生分享自己的经验，例如他们是否曾经遇到过类似的情况或人物。

评析

给自己一个正确的定位非常关键，因为定位直接决定了人生的走向。定位的选择能够深刻地改变一个人的人生轨迹，正确的做法是综合考虑社会需求、个人特长和人生目标等因素，做出合适的选择。这个故事向我们传递了一个重要的信息：你给自己设定怎样的定位，就决定了你将朝着什么方向去努力。

扩展习题

1. 人生定位是指（　　）。
   A. 个人的职业选择和发展方向　　B. 个人的家庭和社交关系
   C. 个人的人生目标和价值观　　D. 个人的外貌和身体素质
2. 以下哪个行为最能体现一个人的人生定位？（　　）
   A. 迎合他人的期望和要求　　B. 追求物质财富和名利
   C. 坚持自己的信念和价值观　　D. 随波逐流，没有明确的目标和方向
3. 人生定位的制定应该基于什么考虑？（　　）
   A. 社会和他人的期望　　B. 他人的兴趣和爱好
   C. 金钱和物质的追求　　D. 内心的真实愿望和价值观
4. 以下哪个选项最能说明人生定位的重要性？（　　）
   A. 获得高薪和成功的职业
   B. 拥有大量的财富和物质享受
   C. 建立良好的家庭和人际关系
   D. 实现个人的目标和追求内心的满足

答案：C　C　D　D

互动交流3　应对人生中的困惑和挑战

李开复刚刚加入微软时，在比尔·盖茨面前总是害怕发言，担心自己说错话。

有一次，比尔·盖茨召开了一次改组会议，每个人都需要发言。李开复决定大胆地说出自己的观点。他鼓足勇气说："在我们公司里，员工的智商比谁都高，但我们的效率却比谁都低，因为我们整天进行改组，却不顾及员工的感受和想法。在其他公司，员工的智商是相互增强的。但是当我们整天陷入改组的'斗争'中时，我们的员工智商其实是相互削弱的……"

会议结束后，许多同事给他发电子邮件说："你说得真好，真希望我也有你的勇气可以这样说。"比尔·盖茨接受了李开复的建议，改变了公司的改组方案。在与公司副

总裁开会时，他引用了李开复的话，劝告大家不要一直陷在改组的“斗争”中，从而提高公司的效率。

从那以后，李开复再也不害怕在任何人面前发表自己的观点了。

讨 论

1. 教师组织学生进行小组讨论，互相倾听和学习，探索如何在面对困难时勇敢地表达自己的想法。

2. 请学生分享自己对这个故事的理解和观点。

评 析

没有经过尝试，我们就无法知道自己是否能够成功。尽管尝试可能会遭遇失败，但不敢尝试才是真正的失败。机会总是存在于寻找、发现和创造之中。如果不去尝试，不去实践，人生的道路就不会拓宽。我们完全有能力去设计和改变自己的人生。生命的意义在于不断创造，走出一条真正属于自己的道路。

1.5　唤醒、激发、行动（初中生适用）

今天，我们的班会主题是“唤醒、激发、行动”。我们将一起探讨如何激发内在的潜能，唤醒学习和个人发展的动力，并通过积极的行动来实现我们的目标和梦想。每个人都有自己独特的潜能和才华，但有时候我们可能还没有完全发现和认识它们。通过这个班会，我们将尝试唤醒内心深处的激情和好奇心，激发我们对学习和个人发展的热情。最重要的是，我们要明确自己的目标和梦想，并且制定具体的计划来实现它们。我们要相信自己的能力，勇敢地追逐内心真正向往的事物。我们只有付出积极的行动，才能够更好地实现梦想。

互动交流 1　发现自己的潜能

一位名叫梅尔龙的美国人，在 19 岁时前往越南参加战斗，不幸被流弹击中背部，经过治疗后无法行走，被医生诊断为残疾。从那时起，他被迫与轮椅为伴。梅尔龙在轮椅上的日子十分痛苦，常常借酒来排遣忧愁。

有一天，他喝醉后坐着轮椅从酒吧回家，在路上遭遇了三名劫匪抢劫他的钱包。他奋力挣扎，但劫匪却放火烧了他的轮椅。灼热的烈火迫使他情不自禁地跳了起来，他一口气跑过了整条街，完全忘记了自己是一个残疾人。

事后，他说道：“如果当时我没有逃跑，我可能会被火烧伤甚至丧命。我忘记了一切，一下子跳起来，拼命逃离。直到停下来，我才发现自己能够行走。”

从那以后，他离开了轮椅，过上了正常人的生活。

讨论

1. 教师通过提问和讨论的方式，引导学生认识自己的潜能和优势，让学生思考他们擅长的事情、感兴趣的领域以及他们认为自己有潜力发展的方面。

2. 教师指导学生设定明确的目标，并鼓励他们为实现这些目标制订具体的行动计划。

3. 教师提醒学生潜能的发展需要面对挑战和困难。

评析

每个人都拥有巨大的潜能，即使人们只是发挥了潜能的一小部分，也有可能成为各行各业的佼佼者。有学者推测，如果能够发掘出大脑潜能的一半，便能轻松地学习 40 种语言，背诵整本百科全书，并获得多个博士学位。这表明，很多人之所以平凡，是因为他们没有发挥自身的潜能，他们不相信在平庸的表象之下，隐藏着惊人的潜力。每个人都有自己的优势，学会欣赏自己，我们就能慢慢看到自己的价值与特长。我们要多尝试、多经历，任何优势都需要场景去实现，只有勇于实践，我们才会找到优势所在。

因此，不要抱怨命运，也不要担心自己天生平庸，只要唤醒内心的潜能，我们就能成为强者。

扩展习题

1. 以下哪个行为最有助于唤醒人内在的创造力？（　　）

A. 定期进行头脑风暴会议　　B. 每天花时间阅读

C. 定期参加冥想　　D. 避免与他人交流

2. 以下哪个方法有助于激发人的自信心和动力？（　　）

A. 设定明确的目标并制订计划　　B. 待在自己的舒适区

C. 不断与他人进行比较　　D. 放弃追求个人梦想

3. 以下哪种方法可以唤醒人的创造力和想象力？（　　）

A. 坚持进行体育锻炼　　B. 参观艺术展览或博物馆

C. 不断沉浸在日常例行的工作中　　D. 限制自己的思维方式

4. 以下哪种行为可以激发人的学习动力和求知欲？（　　）

A. 避免探索新的知识领域　　B. 定期参加讲座和学术研讨会

C. 不与他人分享知识和经验　　D. 放弃追求个人兴趣和爱好

5. 以下哪种行为可以激发人的创造力和创新思维？（　　）

A. 不断重复相同的任务和活动　　B. 每天保持固定的作息时间
C. 尝试新的事物和挑战自己　　D. 避免与他人合作和交流

答案：A　A　B　B　C

互动交流 2　客观地了解自己

有一天，吉姆的父亲给吉姆讲了一个有趣的故事："昨天我和你的杰克叔叔去清扫一个大烟囱，我们踩着里面的楼梯往上爬。杰克在前面，我在后面。我们费了很大力气才爬上去。下来的时候，我们还是一前一后地走下来。当我们从烟囱里钻出来时，我惊讶地发现杰克的后背和脸上有一层灰。我立刻冲向附近的小河，洗去身上的灰，而杰克只是在河边简单地洗了洗手。对此我很好奇，便问杰克为什么不洗一洗身上的灰呢。然而，我没有料到杰克反问我为什么要洗呢。我回答道：'身上这么脏，应该洗一洗。'杰克反问道：'难道我很脏吗？'。后来我们才弄清楚，杰克身上有灰尘，但我身上却干干净净，我们之前并没有意识到这一点，只是习惯性地从对方的形象中猜测自己的样子。我看到杰克脏兮兮的样子，以为自己和他一样，所以就去河边洗了。而杰克看到我比较干净，以为自己也是干净的，所以就没有洗。"

吉姆听后笑了起来。父亲对他说："一个人很难完全了解自己的样子，只有自己才是自己的镜子。如果我们拿他人作为参照，要么会错误地把自己看作天才，要么会错误地将自己看作白痴。"

讨论

请学生结合吉姆的故事，谈一谈为什么要正确认识自己，认识自己的方法有哪些。

评析

通过这个小故事，学生了解了认识自己的重要性，并探索如何正确地认识自己。发现自己的潜能就像是一门学问，因为我们常常以为我们已经完全了解自己，但实际上在认识自我的旅程中，我们仍然只是初学者。古往今来，所有成功的人都是在准确认识自己的基础上，发挥自己的优势，避免自己的弱点，并选择适合自己的道路，采取适合自己的方法，最终取得了成功。正如谚语所说："知己知彼，百战不殆。"准确认识自己是成功的基本起点。

我们可以把乔哈里窗理论作为认识自己的工具。该理论认为，人的内心世界被分为四个区域：开放区、隐秘区、盲目区、未知区。下面对此作逐一介绍。

1. 开放区

这一区域是我们自己知道、别人也知道的关于自己的信息，比如姓名、性别、年龄，等等。虽然并非我们所有的朋友都知道这些内容，但至少我们自己以及所认识的部分人知道它们。那些易被他人获悉的信息都属于这一区域。

2. 隐秘区

这一区域是我们自己知道、但别人不知道的关于自己的信息，比如个人的隐私，心理障碍等。一般情况下，我们不愿意与他人分享这些信息，因为这些信息的暴露，可能会让自己感觉难堪，甚至受到伤害。

3. 盲目区

这一区域是我们自己不知道、别人却知道的关于自己的信息，比如嘴边粘了一小粒米饭，我们自己可能没有察觉，但旁人一眼就看到了它；再比如自己的优缺点、思维定势等，别人可能看得比我们自己更清楚，这就是当局者迷、旁观者清。

4. 未知区

这一区域是我们自己和别人都不知道的关于自己的信息，比如，我们的潜能。未知区也往往因为自己和别人都不知道，成为冲突的根源。

互动交流3 做一个自信的人

苏格拉底是古希腊哲学的奠基人之一，他意识到自己生命即将结束，希望有人能够继承他的思想。

他召唤他最得意的助手前来，对他说："我的生命即将熄灭，需要找到另一个人继续传承下去，你明白我的意思吗？"助手回答道："我明白，您希望您的思想能够传承下去。"苏格拉底补充道："你需要帮我寻找一个人，这个人不仅需要具备充足的智慧，还必须具备信心和勇气。"助手答道："我立刻去寻找。"

于是，助手开始不辞辛劳地四处寻找合适的继承者，然而他所找来的人都被苏格拉底否决了。一天，当助手再次无功而返时，苏格拉底对他说："真是辛苦你了，其实，你找来的那些人都不如……""我一定会继续寻找的，"助手满怀歉疚地小声说，"就算找遍世界，我也要把最优秀的人找来。"苏格拉底摇了摇头，不再说话。

半年过去了，苏格拉底的病情变得越来越严重，然而合适的继承者仍未出现。助手悲伤地表达道："我真的非常抱歉，让您如此失望！""我的确很失望，但你对不起的人却是你自己，"苏格拉底说道，"其实，你就是最出色的人选。然而，你没有相信自己，以至于把自己给忽略了。"

最后，这位伟大的哲人带着遗憾离开了世界。

讨论

1. 教师提出问题，例如"你觉得苏格拉底为什么要找到一个继承者？"或"你认为助手为什么没有相信自己的能力？"激发学生的思考，并引导他们从不同的角度思考故事中的主题和教训。

2. 角色扮演：教师可以安排学生扮演苏格拉底和助手的角色，让他们在小组或全班面前进行互动。通过角色扮演，学生可以更深入地理解人物的心理和行为，并思考他们自己在同样情境下的反应。

评析

在追求成功和实现自己潜能的过程中，自信和勇气是至关重要的品质，它们能够帮助我们面对困难和挑战。事实上，每个人都有独特的潜能和才华，只是很多人未能发现自己的潜能，更不用说激发它了。有时候，我们可能需要经过一段时间的探索和发现才能真正挖掘出自己的潜能。

互动交流4　自信者的心态

有一位画家将自己的画作送到画廊展出，并特意在旁边放置了一支笔，并附上一则说明：如果观赏者认为这幅画有不足之处，请在画上做上标记。

结果，画上被标记得满满当当，几乎没有一处不受指责。

过了几天，这位画家再次拿出一张完全相同的画去展出，但这次附言与上次不同，他请求观赏者将他们最欣赏的部分用标记突出出来。当他拿回画作时，他看到画面上又被涂满了标记，原先被指责的地方都换上了赞美的标记。

这位画家认识到，一个人要自信而不自满，不被他人支配，善于倾听意见却不被意见左右，坚持自己的信念却不固执。这正是自信者应该具备的心态。

讨论

1. 教师向学生提出一些指导性问题，例如“你认为这位画家是如何保持自信的？”或“你认为我们应该如何面对他人的批评和赞美？”鼓励学生分享自己的观点和经验，并相互交流。

2. 教师让学生列举出收到过的一些正面和负面的反馈，并探讨不同反馈对个人的影响。

3. 心理引导：引导学生思考如何从负面的反馈中汲取改进的动力，如何将正面的反馈用于进一步提升自身。

评析

有自信心的人可以将微不足道的事物转化为伟大的成就，将平凡之物变为神奇的存在。每个人对事物的观点和评价都是不同的，所以我们绝不应该期望得到每个人的赞扬。画家的例子就是一个很好的说明。如果画家在遭受批评后感到沮丧，认为自己无能，那他可能会失去信心，不再继续从事美术创作。因此，我们应该采用正确的思维方式，不要完全相信我们听到和看到的一切，也不要因为他人的指责而轻视自己或产生自卑感。

扩展习题

1. 自信心对个人发展的影响主要是（　　）。

A. 对个人发展没有任何影响　　B. 可以促进个人成长和成功

C. 只会导致自负和傲慢　　D. 会使个人变得消极和懒散

2. 自信心的来源主要是（　　）。

A. 天生具备的个人特质　　B. 社会环境和他人的评价

C. 学习和经验积累　　D. 好运和机遇

3. 如何提高自信心？（　　）

A. 不断夸大自己的能力和成就　　B. 忽视他人的批评和意见

C. 接受挑战并勇敢面对困难　　D. 依赖他人的赞美和认可

答案：B　C　C

1.6 通向明天的“车、日、路”（高中生适用）

简单地说，“车日路模型”就是考虑如何让我们自己这辆“车”到达自己想要去的地方。其中，“车”指的是我们自身所拥有的潜力和能力。“日”则是我们未来想要过的人生，是我们对自己的期望和追求。而“路”是通往目标和梦想的路径，是我们行动和前进的方向。每个人都有自己独特的目标和梦想，而实现这些目标和梦想的道路并不总是一帆风顺。但是，通过学习和了解“车日路模型”，我们将能够更好地规划自己的职业发展和人生轨迹。只要拥有正确的方向和勇往直前的精神，我们一定能够通向明天的“车、日、路”。

本次班会的主要目的是指导学生认清自己的“车”，规划自己想要过的“日”，以及选择适合自己的“路”。

互动交流1　个人因素与职业选择

小明是一名高三毕业生，面临填报志愿的难题。他喜欢地质学类的专业，但他的家人认为这个专业会让他经常跑野外，风吹日晒，辛苦且无法顾及家庭，不利于家庭的稳定。他们希望他选择管理类专业，毕业后从事管理工作。小明面临着自己的兴趣和家庭的期望之间的抉择，陷入了困惑。

小明对地质学类的专业充满了热爱和兴趣，对地球的奥秘和地质的探索充满了好奇心。他知道选择自己喜欢的专业会让他在学习和工作中感到充实和满足。然而，他也理解家人的担心和期望，他们希望自己选择一个稳定的职业，有更好的前途。小明在两个选择之间感到迷茫。

讨 论

1. 鼓励学生在班会上分享自己的梦想和理想职业。请每位学生用几分钟时间介绍自己的梦想，包括为什么选择这个梦想以及内心的动力是什么。

2. 让学生思考并写下自己的价值观和兴趣。让他们思考这些因素如何与自己的梦想相匹配，以及如何在实现梦想的过程中考虑到这些因素。

3. 组织一个职业规划工作坊，帮助学生制定自己的职业规划和目标。引导学生思考自己的短期目标和长期目标，并制订实际可行的计划来实现这些目标。

评 析

生活中我们总会面临一系列的选择，“鱼与熊掌不可兼得”的情况常常出现。想要找一份称心如意的工作，不仅需要考虑自己的价值观和兴趣，还需要考虑个人的能力和行业的状况等多个因素。我们要根据自己的教育背景、经验和家庭状况等因素，制定合理的职业规划和目标。有时候，我们可能需要做出一些妥协和调整，才能找到最适合自己的工作。

互动交流 2　梦想的实现在于规划

从前有四只毛毛虫，它们都喜欢吃苹果。它们长大后，决定去森林里寻找美味的苹果。

第一只毛毛虫并不清楚哪里有苹果树，也不知道该怎么找到自己想吃的苹果。当它看到其他毛毛虫往上爬时，它也跟着爬，毫无目的地爬，不知道终点在哪里，也没有想过要选择哪种苹果，更没有想过如何摘取苹果。

第二只毛毛虫到了苹果树下，它知道这是一棵苹果树，也知道自己的目标是找到大苹果。但它并不知道大苹果会长在哪里。它猜想大苹果应该长在大枝叶上，于是它慢慢地向上爬，遇到分枝时，选择较粗的树枝继续爬。它按照这个标准一直往上爬，最终找到了一个大苹果。然而，当它准备享受美食时，它发现这个苹果是整棵树上最小的，周围还有更大的苹果。它很沮丧，因为如果它早先选择了另外一个分枝，就能得到更大的苹果。

第三只毛毛虫明白自己想要的是大苹果，并且准备充分。它制作了一副望远镜，在开始爬之前就用望远镜搜索了一遍，找到了一个很大的苹果。同时，它发现如果从下往上爬，会遇到很多分枝，有各种不同的爬法。它非常细心地从苹果的位置，由上往下反推到自己所处的位置，并记下了这条确定的路径。然后，它开始往上爬，当遇到分枝时，它没有慌张，因为它知道该往哪条路走。然而，由于它爬行得很缓慢，当它到达时，苹果已经熟透而烂掉了。

第四只毛毛虫不是一只普通的虫子，它有自己的规划。它知道自己想要的是什么样的苹果，也知道苹果的生长过程。因此，当它用望远镜观察时，它的目标不是一个大苹果，而是一朵还未开放的苹果花。它计算着自己的行程，预计当它到达时，这朵花正好会结成一个成熟的大苹果。结果，它如愿以偿，得到了一个又大又甜的苹果。

讨论

1. 教师可以引导学生思考如何制定明确的目标、制订周全的计划、观察和选择最佳行动方案，以及勇敢地采取行动。

2. 教师可以与学生分享自己的经验和故事，互相启发和鼓励，在学生通向理想的人生道路上给予他们支持和指导。

评析

我们的生活就像毛毛虫，而苹果则代表着我们的人生目标。毕业后，我们需要爬上人生这棵苹果树，寻找未来的机会，努力获得成功。如果我们想得到自己喜欢的苹果，改变自己的人生，就需要从改变自己开始，制订好职业生涯规划，像第四只毛毛虫一样，既有远见又有耐心，设立明确的目标和计划。

互动交流3 实现梦想的路径

有一天，一只老鹰飞上了金字塔的顶端，而下面的小蜗牛对此非常羡慕。它决定要爬到金字塔的顶端去。

小蜗牛开始缓慢地爬行，一只小麻雀看到后好奇地问："小蜗牛，你要去哪里啊？"小蜗牛回答说："我要爬到金字塔的顶端去。"小麻雀忍不住捧腹大笑，嘲笑小蜗牛说："你能爬上去？除非金字塔倒下来！"尽管受到了嘲笑，小蜗牛并没有放弃，继续向金字塔的顶端努力前进。

接着，一只老鹰看到了小蜗牛，好奇地问道："你要去哪里啊，小蜗牛？"小蜗牛自信地回答："我要到金字塔的顶端去。"老鹰哈哈大笑，嘲讽地说："你能爬上去的话，太阳就从西边升起来！"然而，小蜗牛并没有因为老鹰的讥讽而气馁，继续努力地爬行。

在整个路途中，小蜗牛经历了很多其他小动物的嘲笑，但它并没有放弃，坚持不懈地爬行。经过漫长的努力，小蜗牛终于爬到了金字塔的顶端，向所有嘲笑过它的小动物们证明了一个事实：有志者事竟成。

讨论

1. 教师可以提出一些有针对性的问题，引导学生思考追逐梦想时的路径选择。这些问题可以涉及学生的兴趣、价值观、个人目标等方面。

2. 教师可以营造一个开放和支持性的讨论环境，鼓励学生积极参与讨论，分享自己的观点和经验。

评析

蜗牛之所以能够攀上金字塔，就是源于坚持。只要坚持，再长的路也能走完；选择放弃，再短的路也无法到达。在蜗牛的简单思维中，只有前进，没有后退。即使摔得头破血流，它也永不退缩。在选择追逐梦想的路径时，我们需要明确自己的目标，并根据自己的兴趣、才能和价值观来做出判断。无论选择的路径是否艰难，我们都应该保持坚定的信念，相信自己的能力和潜力，不被他人的质疑和嘲笑所影响。同时，我们也应该不断学习、成长，不断充实自己的知识和技能，为实现梦想做好充分准备。

扩展习题

1. 追逐梦想的重要性体现在（　　）。

A. 增强自信心和坚定信念　　B. 提高社交技巧和人际关系

C. 获得物质财富和社会地位　　D. 满足他人期望和社会压力

2. 为了实现梦想，明确目标的作用是什么？（　　）

A. 使人更加专注和有条理　　B. 提高职业技能和知识水平

C. 增加人际关系和合作能力　　D. 帮助人更好地适应社会环境

3. 实现梦想需要以下哪项关键步骤？（　　）

A. 坚持努力和克服困难　　B. 追求名利和物质财富

C. 获得他人认可和赞赏　　D. 放弃个人愿望和梦想

4. 以下哪项是实现梦想的重要因素？（　　）

A. 逃避困难和挑战　　B. 争取他人的帮助和支持

C. 忽视自己的兴趣和热情　　D. 过分追求完美和成功

答案：A　A　A　B

第二章 自我认知

2.1 畅游生涯兴趣岛（初中生适用）

对于处于生涯探索初期的学生来说，了解兴趣的多层次内涵是非常重要的。兴趣不仅仅是简单的消遣娱乐，它还可以成为人生道路上的方向标和驱动力。以下是一些帮助学生更好理解和培养兴趣的建议。

深入思考兴趣的来源和意义：引导学生思考他们对某项活动或领域感兴趣的原因，以及这些兴趣对他们的意义是什么。通过深入思考，他们可以更好地了解自己的内心需求和价值观。

多样化的体验：鼓励学生尝试各种不同的活动和领域，从中发现自己潜在的兴趣。有时候，人们并不会在一开始就知道自己喜欢什么，通过尝试和体验，才能找到真正符合自己兴趣的领域。

与他人分享：鼓励学生与他人分享自己的兴趣，并倾听他人的兴趣。这样可以促进思想交流，拓宽视野，也可能从他人那里获得灵感，从而寻找到新的兴趣点。

生活就像一片广阔的海洋，我们每个人都是一艘船，而我们的兴趣则是指南针，引领我们向着自己的梦想和目标航行。在这片充满机遇和挑战的大海中，我们需要发现并探索自己的兴趣，选择适合自己的航线，扬起风帆，驶向成功的彼岸。无论我们的兴趣是什么，它们都是我们发现自我、培养自我、实现自我的重要工具。通过追随兴趣的指引，我们可以找到自己真正热爱的事物，不断学习、成长，实现自己的梦想。因此，本次班会我们将一起畅游生涯兴趣岛，探索各种兴趣的奇妙世界，并分享彼此的经验和心得。

霍兰德的职业兴趣理论

美国著名的生涯辅导专家霍兰德（Holland）根据其长期实践研究并结合现有职业分类大典，开创性地提出了职业兴趣理论。他根据人格特质及兴趣倾向，将人分为 6 类：现实型（Realistic type，简称 R）、研究型（Investigative type，简称 I）、艺术型（Artistic type，简称 A）、社会型（Social type，简称 S）、企业型（Enterprising type，简称 E）和事务型（Conventional type，简称 C）。

根据霍兰德广泛、细致的调查研究，他给每一种兴趣类型归纳的特点如下。

（1）现实型：这种类型的人喜欢有顺序地操作事物，喜欢同机械、工具打交道，动手能力强；较不喜欢理论性的研究工作，不善于言辞，做事保守，较为谦虚；社交能力较弱，通常喜欢独立完成事务。

（2）研究型：这种类型的人抽象思维强，求知欲强，喜欢有系统地观察自然界与文化界的现象，善于思考，不愿动手；喜欢富有创造性的工作，喜欢逻辑分析、推理，探知未知的领域；不善于领导他人，不喜欢重复、单调的工作。

（3）艺术型：这种类型的人富有创造力，乐于创造与众不同的成果；喜欢自由自在、无拘无束的活动，渴望展现自己的个性，实现自我的价值；做事往往理想化，追求完美，不重实际；不喜欢文字处理等传统性的工作。

（4）社会型：这种类型的人喜欢与人交往，善于交际，善于言辞；他们寻求广泛的人际关系，比较看重社会义务和社会道德，关心社会问题，渴望发挥自己的社会作用；不喜欢从事实际型的操作工作。

（5）企业型：这种类型的人具有一定的领导才能，喜欢领导他人，喜欢受到他人的注意；追求权力，喜欢竞争，敢于冒险；为人务实，喜欢以利益得失来衡量做事的价值，做事有较强的目的性。

（6）事务型：这种类型的人喜欢按计划办事，做事细心、有条理，习惯接受他人的领导，自己不谋求成为领导；不喜欢文艺性的工作，做事明确、谨慎保守；缺乏创造性，不喜欢冒险和竞争。

互动交流 1 兴趣岛

请看一看下面这六个岛屿。

R 岛——“自然原始岛”：这个岛屿生态优美，拥有丰富的自然资源和原始的生态系统。岛上的居民擅长手工技艺，并且积极参与农业生产和手工艺品的制作。

I 岛——“深思冥想岛”：这里的风景宁静优美，适合观察星空。岛上设有天文馆、科技博物馆和科学图书馆，吸引了许多学者和思考者前来探索和学习。

A 岛——“美丽浪漫岛”：这个岛屿充满了艺术和文化氛围，拥有美术馆、音乐厅和传统舞蹈、音乐与绘画。岛上的居民保留了传统文化，并常常在此举办沙龙派对以寻求灵感。

S 岛——“温暖友善岛”：这个岛屿气候宜人，居民性格温和、乐于助人，人际关系友好，大家互相支持。

E 岛——“显赫富庶岛”：这个岛屿经济发展迅速，提供了豪华的酒店、俱乐部和高尔夫球场。岛上的居民热情豪爽，擅长企业经营和贸易活动。

C 岛——“现代井然岛”：这是一座现代化程度高的岛屿，以其完善的政务管理和金融服务而著称。岛上的居民个性冷静、保守，善于组织和规划。

讨论

1. 教师引导学生思考：如果你有三个月的假期，你选择在哪个岛屿度假生活？如果你要在一个岛上生活一辈子，你又会选择哪个岛屿？

2. 请学生给选择的岛屿起个岛名，并画出标志性建筑物。

3. 请学生说一说最想跟哪个岛屿上的居民交朋友。

4. 教师组织学生分享交流，六种不同类型的人分别具有什么特质、适合什么样的工作。

（1）现实型的人喜欢有具体劳动和需要根本技能的工作。这类职业一般是指熟练的手工业行业和技术工作，通常要运用手工工具或机器进行劳动。现实型的人适合成为工匠、农民、技师、工程师、机械师，鱼类和野生动物专家，车工、钳工、电工、报务员、火车司机、机械制图员、电器师、机器修理工、长途公共汽车司机等。

（2）研究型的人喜欢智力的、抽象的、分析的、推理的、独立的任务。这类职业主要指科学研究和实验方面的工作。

（3）艺术型的人喜欢通过艺术作品来表现自我，爱想象，感情丰富，不顺从，有创造性，能反省。艺术型的人适合成为室内装饰设计家、摄影家、作家、音乐教师、演员、记者、作曲家、诗人、编剧、雕刻家、漫画家等。

（4）社会型的人喜欢社会交往，常出席社交场所，关心社会问题，愿为别人效劳，对教育活动感兴趣。社会型的人适合成为导游、福利机构工作者、社会学者、咨询人员、社会工作者、学校教师、精神卫生工作者、公共保健护士等。

（5）企业型的人性格外向，爱冒险活动，喜欢担任领导角色，具有支配、劝说和言语技能。企业型的人适合成为推销员、商品批发员、进货员、福利机构工作者、旅馆经理、广告宣传员、律师、政治家、零售商等。

（6）传统型的人喜欢系统的、有条理的工作任务，具有实际、自控、友善、保守的特点。传统型的人适合成为记账员、银行出纳、核对员、打字员、统计员、计算机操作员、秘书、法庭速记员等。

评析

我们常说性格决定命运，性格也影响着我们的职业、生活习惯，以及行为方式等方方面面，其实这也意味着我们的性格需要与职业相对应。因此，职业生涯也应该结合相应的职业规划。

职业生涯是指一个人一生中所有与职业相联系的行为与活动，以及相关的态度、价值观、愿望等的连续性经历的过程，也是一个人一生中职业、职位的变迁及工作理想的实现过程。职业生涯规划是针对个人职业选择的主观和客观因素进行分析和测定，确定个人的奋斗目标并选择实现这一目标的途径。职业生涯规划要根据自身的兴趣、特点，将自己定位在一个最能发挥自己长处的位置，选择最适合自己能力的事业。从这个意义上来说，最初的专业选择和最初的职业选择就显得极为重要和关键。

互动交流 2　寻找职业方向

小雷从小就对机械很感兴趣，高中时想报考机械设计专业。可惜高考成绩不理想，只好另寻出路。在综合考虑后，他决定去一所职业技术学校学习，以实现自己成为一名机械师的梦想。

毕业后，由于城镇发展迅速，再加上在技校学习的几年时间小雷对机械的热情减退了。因此，他决定回家乡寻找发展机会。然而，他的家乡是个小县城，资源有限，小雷最擅长的挖掘机技术在那里没有太大的发展空间。在就业方面摸索了一段时间后，出于生存和生活的考虑，小雷进入了同学创立的广告公司，从事广告方面的工作。

经过一段时间的发展，小雷在广告行业的工作相对稳定。通过个人的努力和学习，他在设计方面有了很大的进步和提升。然而，小雷开始感到困惑。他意识到广告行业并不是他真正喜欢的工作领域。随着时间的推移，他对自己的工作产生了越来越强烈的排斥感。

在经过多方面的考虑后，小雷决定改变目前的工作状态，重新寻找自己喜欢的生活方式。他认为导游是自己喜欢的工作，于是辞去了当前广告设计的工作，开始学习导游知识、考取导游证书。

讨论

1. 教师引导学生思考：小雷在工作中不断寻找自己喜欢的职业方向，浪费了很多时间，不断地从头开始，如果是你，你希望像小雷一样吗?

2. 学生互动，完成以下活动。

① 将自己的理想职业写在纸的中央，用思维导图表达初中阶段要为理想职业做哪

些准备，从学业成绩、身体状况、人际交往、个性发展、优势培养等方面分析。

② 用红色的笔在图中标出 2~3 个自己看重的部分，并将具体的规划信息填充在图中的分支上。

③ 绘制完成后，小组内分享交流自己的职业思维导图，听取他人意见后，及时补充和完善自己的图画。

④ 在教室内的“放飞职业理想”园地展出自己的作品，请父母、老师、同学留言予以鼓励。

3. 心理引导：引导学生发掘自己的兴趣爱好，激发在日常生活和学习中培养和发展兴趣的积极性和主动性。

评析

找到自己的兴趣不是一蹴而就的，可能需要一些探索和试错的过程。只有找到自己的兴趣，才能够追求真正热爱的事物，并在这个领域中实现个人的成长和发展。

美国著名的职业指导专家金斯伯格对青少年职业选择的过程与问题做了深入的研究后，提出职业生涯发展理论。他认为，青少年职业选择的过程分为幻想阶段、尝试阶段、现实阶段 3 个发展阶段。高中生的职业发展正处在尝试阶段和现实阶段转变的关键时期，在职业需求上呈现出尝试期的理想主义色彩，开始考虑职业角色的社会地位、社会意义，以及社会对该职业的需要；同时，高中生又受高考之后对大学专业抉择的影响，现实地把自己的职业愿望或要求与主观条件、能力，以及社会的职业需要紧密地协调起来，寻找适合自己的职业角色。

互动交流 3　兴趣的作用

大卫·希尔伯特是一位著名的德国数学家。在他 11 岁开始上学时，他的数学天赋并不出众。学校里的大部分课程都需要死记硬背才能通过考试，这让希尔伯特感到很苦恼。

有一天，他坐在屋后的一棵大树下，努力地背着老师指定的功课。然而，他的脑子越来越不听使唤，眼皮也越来越重，他连刚刚背过的内容都忘记了。他气愤地把书摔在地上，捂着脸伤心地哭了起来。

幸运的是，或许是受母亲的影响，希尔伯特对数学产生了兴趣。希尔伯特的母亲很喜欢数学，她给予希尔伯特数学知识的启发，并且理解和尊重他的兴趣爱好，积极地支持和鼓励他。希尔伯特发现，数学课程不需要死记硬背，只要真正理解了概念，就能够逐步推导出结果，这比枯燥无味的背诵有趣得多。因此，希尔伯特逐渐被数学所吸引，对数学的兴趣越来越浓厚。

一天早晨，希尔伯特迫不及待地吃完早饭，背起书包，兴高采烈地出门了。从他的表情就能看出，第一节课肯定是数学课。然而，当他到学校后听说数学老师生病时，脸上的笑容立刻消失了。

希尔伯特默默地坐在教室后面，钟声响起，他没好气地抬起头，却突然笑了起来，因为他发现数学老师坚持来上课了。这节课，他学到了很多知识。从那时起，希尔伯特对数学的喜爱更加深厚，数学成绩也越来越出色。

后来，希尔伯特在兴趣的驱使下，全身心地投入数学的学习和研究。他为数学而努力钻研，并在数学领域和物理领域取得了巨大的成功。

讨 论

1. 教师提出一些问题，如“你有什么兴趣爱好？为什么你对它感兴趣？你在这个兴趣上有什么收获和成就？”

2. 教师引导学生思考和讨论兴趣对个人成长和发展的积极影响。

3. 心理引导：激励学生发展自己的兴趣。

评 析

兴趣是推动个人成长和学习的强大动力。当对某个领域或主题产生浓厚的兴趣时，我们更愿意投入时间和精力去学习和探索，在面对困难时会更加坚韧。因此，培养和发展兴趣对于个人的发展和成功至关重要。

兴趣是人们力求认识某种事物和从事某项活动的意识倾向，表现为人们对某件事物、某项活动的选择性态度和积极的情绪反应。每个人都会对自己感兴趣的事物给予优先注意并进行积极的探索。

互动交流4 兴趣与生涯兴趣

小李是一位富有激情和有追求的年轻人。他毕业于营销专业，但他对传统的营销工作并不感兴趣。相反，他有两个非常感兴趣的职业：与电子游戏相关的工作和星探。

小李曾经尝试过游戏测试的工作，但由于专业不对口，不具备相关的知识和技能，不得不作罢。虽然他对电子游戏有着浓厚的兴趣，但他意识到要在这个行业取得成功并不容易。

对于成为一名星探，这似乎有些不太现实。在国内，这个行业还没有发展到规模化的需求，仍处在探索阶段。小李对这个行业的了解也只停留在想象阶段，因此他很难找到相关的机会。

为了寻找自己感兴趣的工作，小李尝试了几份与销售相关的工作，但最终都以“没有兴趣”为理由辞职。他不愿意在没有激情的工作中度过自己的人生。

讨论

1. 教师引出兴趣金字塔：有趣、乐趣、志趣。请学生写出从小到大感兴趣的事情，并依次进行分类。

2. 请学生对自己写下的兴趣进行再次思考：你希望进一步发展哪些兴趣？为此自己需要付出什么？哪些只需停留在有趣层面？

3. 教师引导学生思考自己的兴趣和生涯兴趣，并帮助他们制订初步的职业规划和发展目标。

评析

尽管小李对电子游戏和星探相关工作有着浓厚的兴趣，但他也意识到要在这些领域取得成功并不容易。他的生涯兴趣和职业规划受到了现实条件的限制，使他不得不寻找其他与兴趣相结合的工作。这个故事强调了了解自己的生涯兴趣，并在职业选择中做出明智决策的重要性。

扩展习题

1. 生涯兴趣的发展对个人有什么影响？（　　）

A. 可以帮助个人更好地规划和实现职业目标

B. 只是个人爱好，对职业发展没有实质性的影响

C. 会限制个人的发展空间和机会

D. 对个人的成长和发展没有任何影响

2. 以下哪个描述最符合生涯兴趣的特点？（　　）

A. 是一种对特定职业的热爱和追求

B. 是一种个人喜好，与职业无关

C. 是一种外界强加的压力，需要追随社会的期望而调整

D. 是一种一时的爱好，可以随时改变

3.（多项选择题）下列属于生涯兴趣的是（　　）。

A. 地理　　B. 机械　　C. 艺术　　D. 文学

4.（多项选择题）生涯兴趣的评价途径有哪些？（　　）

A. 兴趣表达　　B. 行为观察　　C. 知识测验　　D. 兴趣测验

答案：A　A　ABCD　ABCD

互动交流5 兴趣与行动

小雨对课堂上的学习感到厌烦，总是觉得学习任务繁重而枯燥。他渴望找到一种能够激发他兴趣的活动，让学习变得有趣起来。

有一天，小雨的朋友小玉告诉他，学校将要举办一场艺术展览。小玉热情地邀请小雨一起去观展，希望能够让他对艺术产生兴趣。小雨犹豫了一下，心想或许这是一个机会，于是决定去一探究竟。

当小雨走进展览厅时，他被展览中的绘画、雕塑和摄影作品所吸引。他看到了各种不同风格的作品和表现形式，从写实主义到抽象艺术，从明亮的色彩到深沉的黑白，每一件作品都带给他一种独特的感受。

他特别喜欢其中的一幅油画，画中描绘了美丽的风景。小雨被油画独特的构图和细腻的色彩所吸引，仿佛自己置身于画面之中。他感受到了艺术的力量，这激发了他对绘画的兴趣。

回到家后，小雨决定开始学习绘画。他买来了一套绘画工具，参加了绘画班。虽然一开始觉得自己的画技很差，但他并没有放弃。小雨每天坚持练习，尝试不同的绘画技巧和风格。慢慢地，他的绘画水平提高了，他开始创作出自己独特的作品。

随着时间的推移，小雨的绘画能力得到了认可。他参加了学校的绘画比赛，获得了一等奖。这个成就让他更加热爱绘画，他决定将来成为一名艺术家。

讨 论

1. 引导学生思考，那个伴随自己最久的兴趣是如何一步一步提升的。
2. 引导学生思考自己想要长期培养的兴趣以及培养兴趣的方法。

评 析

小雨的故事告诉我们，培养兴趣需要积极地行动。通过参与各种活动，我们可以接触到不同领域的事物，从而从中找到自己的兴趣点。然后，我们需要坚持不懈地学习和练习，提高自己的技能和水平。只要我们有足够的热情和毅力，就可以培养出自己独特的兴趣，在其中找到快乐并取得成就。

2.2 做人生大赢家（初中生适用）

今天，我们将聚集在一起，探讨一个关于人生的重要话题——如何成为人生的大赢家。每个人都渴望在人生的舞台上取得成功，追求幸福和成就。然而，成功并不仅仅是个人物质财富或地位的获得，更重要的是我们内心的满足感和成长的收获。

在这个主题班会中，我们将探索成为人生大赢家的不同层面，从个人的品质到学业和职业发展，从人际关系到社会责任等各个方面。通过分享经验、思考问题和互动讨论，我们将一同探索成为人生大赢家的关键要素。

每个人都有潜力成为人生大赢家。这并不是一个简单的过程，但它值得我们努力追求。通过这次班会，我们将共同探索一些重要的原则和策略，帮助我们在追求成功的道路上取得更好的结果。

让我们一起打开心扉，积极参与讨论，分享我们的想法和经验。相信通过这次班会，我们将获得启发和动力，走上成为人生大赢家的道路，并与他人一同分享我们的成功与成长。

互动交流1　成为人生大赢家的重要品质

在一个小镇上，住着一个名叫小阳的年轻人。从小，小阳就备受家人和朋友们的赞赏，因为他拥有一项令人艳羡的品质——坚韧不拔。

小阳从小就梦想成为一名职业篮球运动员。然而，他并没有出众的身体素质，也没有独特的技术。但是，他拥有一颗不屈不挠的心，他相信只要付出足够的努力，就能成为人生的大赢家。

每天早上，小阳会早早起床去训练场地，坚持跑步、做体能训练，尽可能地提高自己的身体素质。在学校的篮球队训练中，他总是全力以赴，不畏艰辛地与队友们一起拼搏。尽管他在技术上不如其他人出色，但他用顽强的毅力和不懈的努力弥补了自己的不足。

然而，小阳的篮球之路并不顺利。他在比赛中经常遇到困难和失败，但他从不放弃。每次失败都成为他更加努力的动力。他不断寻求反馈和建议，努力提升自己的技术，他相信只要坚持下去，自己终将实现梦想。

终于，小阳的努力得到了回报。在一场重要的比赛中，面对强大的对手，小阳没有退缩，用自己的速度、智慧和永不放弃的精神，带领球队逆袭并获得了胜利。

讨论

引导学生讨论以下问题：

1. 小阳的哪一项品质最令你感到钦佩？为什么？

2. 在小阳的例子中，他如何克服自身的不足？你觉得这对于实现梦想有什么作用？

3. 在你的生活中，有没有遇到过类似小阳所面临的困难和失败？你是如何处理的？你觉得哪些品质或策略可以帮助你克服困难并继续追求目标？

评析

这个故事告诉我们，要想成为人生大赢家，重要的品质是坚韧不拔和有毅力。无论我们面对多大的困难和挑战，只要拥有坚定的意志，坚持不懈地努力，我们都能够战胜困难，实现自己的梦想。小阳的故事激励着我们，让我们相信，坚持不懈才能使我们成为人生大赢家。

互动交流2　成为人生大赢家的关键因素

一个名叫艾米的年轻人住在一个小镇上。从小，艾米就相信只要付出足够的努力，就能成为人生的大赢家。

艾米在学校里是一名勤奋好学的学生。她每天都会努力学习，追求更高的成绩。她善于制定明确的学习目标，并制订详细的计划来实现这些目标。她知道学业取得成功的关键是持续不断地学习和进步。

除了学业，艾米也对职业发展充满热情。她知道要成为人生的大赢家，需要发掘并利用自己的优势和潜力。于是，她开始进行自我评估，找到了自己的兴趣和天赋所在。她选择了一门与她兴趣相关的专业，并积极参与相关的课外活动和实习，不断积累经验和提升自己的竞争力。

然而，在学业和职业发展中，艾米也遇到了一些困难和挑战。有时候，她会面临失败和挫折，但她从不气馁。她从每次的失败中吸取教训，并寻求反馈和建议来提升自己。她知道要成为人生大赢家，需要坚持不懈地努力，并且永远不放弃。

最终，艾米的努力得到了回报。她在学业上取得了优异的成绩，并且在就业市场上找到了理想的工作。她的坚持和努力使她成为人生的大赢家。她用自己的学业和职业发展的成功，启发和影响着身边的人。

讨论

引导学生讨论以下问题：

1. 你认为制定明确的目标和计划对于学业和职业发展的重要性是什么？
2. 在学习过程中，你有没有遇到过类似艾米所面临的困难和挑战？你是如何处理的？
3. 你认为发掘和利用自身的优势和潜力对于学业和职业发展有多大的影响？

评析

这个故事告诉我们，在学业和职业发展中，成为人生大赢家的关键因素是持续学习和不断进步。通过制定明确的目标和计划，发掘和利用自身的优势和潜力，在面对困难和挫折时坚持不懈地努力，保持学习和稳定的进步，我们才能成为人生的大赢家。

互动交流3　人际关系的重要性

从前有个小村庄，村里住着一位年轻人小陈。小陈聪明而勤奋，一直渴望在人际关系中取得成功。

有一天，小陈听说村子外有一座神秘的山，山顶有一位智者，他能教人们成为人生的大赢家。小陈决定去寻找这位智者，他相信这将是他实现梦想的机会。

小陈踏上了漫长而艰苦的旅程，穿过茂密的森林、跋涉山川，终于来到了神秘的山顶。在山顶上，他遇见了一位智者，这位智者的名字叫作老师。

小陈向老师倾诉了自己的愿望：在人际关系中成为人生的大赢家。老师微笑着对小陈说："成为人生大赢家的重要技巧是学会关心他人。只有懂得关心他人，才能建立起真正好的人际关系，得到他人的信任和支持。"

小陈有些困惑，问老师："我应该如何去关心他人呢？"

老师笑着回答说："关心他人并不意味着只关注他人的需求，而是要真正地了解他人的想法和感受。要学会倾听，真正聆听他人的故事和心声。要表达关心和关爱，经常向他人问候并关注他们的生活。还要给予帮助和支持，无私地为他人提供帮助，让他们感受到你的真诚和善意。"

小陈恍然大悟。他决定回到村庄，将这个技巧应用到自己的生活中。于是，小陈开始关心他人，主动与邻居交流，聆听他们的故事，分享他们的快乐和困扰。他帮助村民修理房屋，种植农作物，无私地为他人提供帮助。

随着时间的推移，小陈收获了越来越多的友谊。他成为村庄中备受尊敬和喜爱的人。他获得了别人的信任和支持，人际关系处理得越来越好。

小陈终于实现了自己的梦想，获得他人的信任和良好的人际关系，成为人生的大赢家。他明白，成功不仅仅是个人的成就，更是与他人的关系和紧密互动。

讨论

引导学生讨论以下问题：

1. 你认为小陈最终成为人生大赢家的关键是什么？

2. 你认为关心他人在人际关系中的重要作用是什么？你有类似小陈的经历吗？请分享你的故事。

评析

在人际关系中，成为人生大赢家的重要技巧是学会关心他人。只有懂得真心地关心他人，才能建立起真正的友谊和信任，与他人建立起紧密的联系，共同成长、相互帮助。通过关心他人，我们能够创造积极的互动，获得支持的环境，让彼此感受到温暖和关爱。

2.3 职业瞄准镜（高中生适用）

在我们的人生旅程中，选择一个合适的职业道路对每个人的未来都至关重要。而职业瞄准镜，就像一个指南针，能够帮助我们明确自己的兴趣、优势和目标，从而更加准确地选择我们想要追求的职业。

想象一下，你站在一片广阔的草原上，没有任何指引。你可能会迷失方向，不知道该往哪个方向前进。但是，当你拿起一把瞄准镜，你能够清晰地看到远处的目标，你就知道自己应该向哪个方向努力前进了。

职业瞄准镜就像是给予我们清晰视野的工具，可以帮助我们认识自己，了解自己的优势和兴趣，探索职业世界，并做出更明智的职业选择。

今天，我们将一起探索职业瞄准镜的奥秘。我们将了解如何发掘自己的兴趣和潜力，如何制定明确的职业目标，以及如何通过不断学习和成长来实现我们的职业梦想。

请学生完成以下“生涯规划设计”。

生涯规划设计

我想从事的职业（或职业类型）是____________________。

我在高中阶段，要为我的理想做以下努力：

我要学好____________________（课程），因为这个职业（或职业类型）对这些课程的知识积累要求比较高。

为了从事这个职业（或职业类型），我填报____________________（专业）会更有利于我的发展。

从事这个职业可能需要我具备____________________（能力），在高中阶段，我可以通过一些方式锻炼这些能力，如：____________________________________。

____。

此外我还会考虑：____。

互动交流 1 性格与职业的关系

小强是职业学校一年级的男生，他活泼好动，待人热情，不喜欢刻板的生活，尤其喜欢小孩子，有着与人亲近的特质。然而，他目前正在学习财会专业。他觉得未来作为一名财会人员，将经常坐在办公室，与数字打交道，一点儿乐趣都没有。他渴望转到幼教专业，毕业后成为一名幼儿园老师，甚至梦想成为园长。然而，他的父母不同意，他的许多同学也不支持，认为男生不应该从事幼儿园教育工作。

后来，他向职业指导室的老师寻求建议。职业指导老师告诉他，幼儿园非常需要男性教师，以改变幼儿教育女性偏多的现状。经过深思熟虑，他决心打破传统的男女职业分工观念，转到幼教专业。

讨论

1. 教师组织学生进行小组讨论：性格特征与生涯规划有什么关系？
2. 教师组织学生分析自己的性格特征。

下面列出了一些常用来形容性格特征的词汇。请仔细阅读并思考哪些特征是自己身上具备的，将它们标出来。同时，也请身边的好朋友或老师标出他们认为你所具备的特征。比较他们标记出的特征和你自己标记出的，看看他们所形容的你和你所形容的自己是否一致，如果有不同的话，思考为什么会有这些不同。

开朗　内向　热情　沉静　乐观　悲观　坚韧　敏感　自信　谦虚　勇敢
胆小　善于沟通　孤僻　乐于助人　自私　好奇　保守　善于合作　固执

我标记、别人也标记的特征是：________________________________。
我标记、别人没标记的特征是：________________________________。
别人标记、我没标记的特征是：________________________________。
我的发现是：____。
原来我是一个____的人。
我希望继续保持的特征是：____________________________________。
我希望改变的特征是：____。

评析

一个人的性格特征与他的职业规划和决策息息相关。就像小强活泼好动、亲和力强、喜欢孩子，这些性格特点促使他决定从事幼儿教育工作。因此可以看出，一个人的性格特征会影响他对职业的兴趣和偏好，不同性格特征的人适合从事不同的行业，从而会选择不同的职业。

互动交流 2　发现兴趣和潜力

小田是一名高中学生，他对自己的兴趣和潜力感到迷茫。他在学校学习时，总是觉得对很多科目都不感兴趣，也没有特别出色的表现。

一天，小田参加了学校举办的一个社团招募活动。他看到了一个美术工坊的社团，里面展示了各种手工艺品和艺术作品。虽然小田从未接触过这些，但他被其中一幅绘画深深吸引了。

小田开始参加美术工坊的活动。他学习绘画、设计，还尝试了书法和篆刻。他渐渐发现，在艺术创作的过程中，他感到无比的快乐和满足。他的创作才华也逐渐展现出来，他的作品越来越受到他人的赞赏和认可。

随着时间的推移，小田对艺术表达的热情日益增长。他开始主动参加艺术展览和比赛，并获得了不少奖项。通过这些经历，小田逐渐发现自己对艺术创作有着浓厚的兴趣。

为了进一步发掘自己的潜力，小田决定参加一个艺术夏令营。在夏令营中，他与来自不同背景的年轻艺术家们交流，进一步拓宽了他的视野。他看到了各种不同形式的艺术，如绘画、雕塑、摄影等，开始思考自己在这些领域中如何能够发挥更大的潜力。

夏令营结束后，小田决定进一步深入研究绘画和雕塑。他报名参加了一位知名艺术家的艺术工作坊，成为他的学生。在这个工作坊中，小田通过学习和实践，不断提升自己的艺术技巧和创作能力。

最终，小田在绘画和雕塑领域取得了显著的成就。他的作品在多个艺术画廊展示，并受到了广泛的关注。小田也开始举办个人展览，与更多的人分享他具有独特视角的艺术作品。

讨论

1. 请学生思考：为什么参加艺术展览和比赛对小田进一步发掘自己的兴趣和潜力起到了关键的作用？你认为参加类似的活动对于学生发现自己的兴趣和潜力有何好处？

2. 请学生思考：与不同背景的人交流和学习对于学生发现自己的兴趣和潜力有何影响？

评析

在心理学上，兴趣被认为是一种情感状态，它反映了个体对某项活动或某个领域的倾向性和积极态度。心理学家认为，兴趣有助于提高个体的参与度和持久性，进而促进学习、提升技能。

我们很难在没有实践的情况下了解自己的兴趣爱好。因此，我们应该主动去尝试各种各样的活动和领域。参加社交活动、参观艺术展览、尝试新的体育运动或学习一门新的乐器等，都是了解自己兴趣爱好的好方法。通过积极参与不同的活动，我们可以体验到不同的感受和乐趣，从而更好地了解自己的喜好。

兴趣和潜能之间存在着密切的关系，它们相互影响，共同促进个人成长和发展。兴趣作为一种内在的动力，能够激发个人的潜能，而潜能的发挥则能够提高个人的生存能力。当个人的生存能力得到提高时，又会反过来激发更多的兴趣，形成一个良性的循环，促使个人不断进步。

扩展习题

1. 在发掘自己的兴趣和潜力过程中，以下哪个因素是最重要的？（　　）

A. 天赋与天生的能力　　B. 社交圈子与外界的影响

C. 积极主动地探索和参与　　D. 学校和家庭的期望与压力

2. 参加艺术展览和比赛对发掘自己的艺术兴趣和潜力的好处是（　　）。

A. 提供展示作品的机会，获得认可和赞誉

B. 增加社交和交流的机会，拓宽视野

C. 探索不同的艺术形式和风格，丰富创作灵感

D. 扩展人际关系网络，寻找艺术导师和合作伙伴

3. 为了进一步发掘自己的兴趣和潜力，以下哪个行动更有帮助？（　　）

A. 参加与自己兴趣相关的夏令营或工作坊

B. 阅读不感兴趣的书籍和文章，扩充知识

C. 沉迷游戏，不思进取

D. 参与志愿活动，服务社区和帮助他人

4. 在发掘自己的兴趣和潜力过程中，以下哪个因素对于个人的成长和发展最关键？（　　）

A. 自律和坚持不懈地努力　　B. 社会的认可和赞誉

C. 拥有优秀的导师和指导　　D. 超过他人的能力和天赋

答案：C　A　A　A

互动交流3　制定明确的职业目标

年轻人小钱一直对未来充满了迷茫和困惑。他觉得自己需要一个明确的职业目标，却不知道从何开始。

一天，小钱听说有一位智者，他能帮助人们找到自己的职业目标。于是，小钱决

定去拜访这位智者，希望能从他那里获得指引。

当小钱见到智者时，智者看了看他，微笑着说："小钱，你来找我是为了寻找你的职业目标，对吗？"

小钱点了点头，说："是的，我感到很困惑，不知道自己应该朝着什么方向发展。"

智者静静地听着，然后说："小钱，制定明确的职业目标需要你深入了解自己。你应该思考自己的兴趣、价值观和天赋。这些都是指引你找到适合自己的职业道路的关键。"

小钱开始认真思考，他回想起小时候对科学的热爱、对大自然的好奇心，以及帮助他人的愿望。他意识到自己对环境保护的关注和热情，以及对社会公益活动的渴望。

智者看出了小钱的思考，他鼓励道："小钱，你的兴趣、价值观和天赋都指向了一个方向。你可以考虑成为一名环保工作者，为保护大自然贡献自己的力量，同时也可以参与社会公益活动，帮助他人。"

听到这些话，小钱的眼睛闪耀着光芒。他感到内心的迷茫和困惑逐渐消失，取而代之的是轻松和愉悦。他决定接受智者的建议，朝着成为一名环保工作者的目标努力。

多年后，小钱成为一位杰出的环保工作者。他致力于保护大自然，通过开展各种活动和项目，影响着更多的人。他的工作给他带来了巨大的满足感和成就感。

讨论

引导学生讨论以下问题：

1. 为什么深入了解自己的兴趣、价值观和天赋对制定明确的职业目标至关重要？
2. 小钱是如何找到适合自己的职业道路的？

评析

小钱在寻找职业目标之前，思考了自己的兴趣、价值观和天赋。通过认真思考，他找到了与他价值观相符的职业方向。当我们追求自己真正热爱的事业并为之努力时，我们才能获得非凡的成就感和满足感。

扩展习题

1. 制定明确的职业目标时，以下哪个因素是最关键的？（　　）
   A. 社会的认可和赞誉　　B. 个人的兴趣和价值观
   C. 家庭的期望和压力　　D. 薪资和福利待遇
2. 在制定职业目标时，以下哪个步骤最重要？（　　）
   A. 深入了解自己的兴趣和天赋　　B. 研究薪资和职业前景

C. 得到家人和朋友的建议　　D. 跟随流行的职业趋势

3. 为了制定明确的职业目标，以下哪个行动是最有效的？（　）

A. 参加各种实习和实践机会　　B. 选择一个行业中最热门的职业

C. 听从家人和朋友的建议　　D. 追随他人的职业选择

答案：B　A　A

2.4 认识自我，超越自我（高中生适用）

在人生的旅途中，我们首先需要与自己对话，学会与自我相处；正确认识自己，准确评估自己的优点和不足，明确前进的方向，避免自以为是或自卑。认识自我是一项困难而艰巨的任务，贯穿着我们的一生。如果我们能全面清晰地认识自己，并能客观准确地评价自己，那么我们就能从容面对生活中的问题，发挥长处，弥补短处。正确认识自我就像是推动人生航船的风帆，而自爱、自尊、自信、自强则是助推的劲风。

成为最好的自己是每个学生积极向上的体现，是尊重个体生命价值的呈现。成为最好的自己需要具备解决问题、克服困难的能力，展现出自信的态度，坚信自己能够成功。成为最好的自己还要勇于超越自我，承担起历史责任，持之以恒地努力，发扬奋斗的精神。

互动交流 1　挖掘潜力

麦克和迪克两兄弟是快餐业的先驱者，他们的故事非常有趣。他们的父亲是制鞋工人，但兄弟俩毕业后并不想继承父业，而是决定寻找新的就业机会。

20 世纪初期，美国的餐饮业都是由小本经营的个体户主导，没有太多的创新和突破。麦克和迪克的家族中没有人经营过餐馆，也没有相关的经验和背景。也许正是因为他们没有受到传统思维的限制，才敢于打破常规，进行开创性的经营。

1937 年，他们在美国洛杉矶东部帕萨迪纳开了一家小小的汽车餐厅。这个餐厅非常小，兄弟俩亲自煎热狗、调制牛奶，准备了几把带有伞顶的椅子，并雇用了 3 个年轻人在停车场招揽客人。当时，汽车已经很普及了，经过的司机们可以在汽车餐馆买些热狗和饮料，快速吃完就继续赶路。

兄弟俩的餐馆生意非常好，几年后他们决定开一家更大的汽车餐馆。这家餐馆在经营特色上与当地的其他汽车餐馆有所不同。它的建筑形状是八角形，前面有一个落地的大窗户，而餐馆内部没有桌子，只有几个凳子。这个独特的建筑外观和开放式的厨房引起了人们的好奇。

不久之后，这家餐馆成为当地年轻人最喜欢去的地方，吸引了大量的顾客。兄弟俩因此成为当地的新贵，每人年均收入达到了 5 万美元。然而，随着时间的推移，城里也开始涌现出越来越多类似的汽车餐馆，竞争变得非常激烈。服务员们认为自己是稀缺资源，要求的薪水也越来越高，并且不太愿意听从指挥。如果不是兄弟俩在汽车餐饮业中积累了一些经验，并且对这个行业有着深厚的感情，他们可能早就放弃了。兄弟俩发现人们对汽车餐厅有一种误解，认为它是一个卖廉价食品的地方。于是，他们决定进行一项前所未有的改革。通过对几年来的经营收入进行分析研究，他们发现其中60%的收入来自汉堡包而不是排骨，尽管他们在广告上更多地宣传了排骨。

于是，他们决定对汉堡包的制作进行改革。他们开始现场制作汉堡包，并将肉馅等熟食添加到汉堡包中。这个改革实际上是一个意想不到的举措，但它却引发了世界快餐业的一场革命！

讨论

1. 教师提出问题：故事中，麦克和迪克的潜力是什么？

2. 教师引导学生发掘潜力：参考以下关键词选出自己5条以上的特质，并发挥集体的力量，填写表2.4.1。

□	有毅力的	□	外向的	□	有理想的	□	搞笑的
□	爱争辩的	□	乐观的	□	文静的	□	诚实的
□	活跃的	□	爱冒险的	□	健谈的	□	节俭的
□	有信心的	□	有上进心的	□	能沟通的	□	顺从的
□	细心的	□	缺乏想象力的	□	负责任的	□	可爱的
□	有主见的	□	悲观的	□	喜欢表现的	□	有才华的
□	友善的	□	情绪化的	□	脾气好的	□	随和的
□	幽默的	□	谨慎的	□	天真的	□	善解人意的
□	粗心的	□	有条理的	□	善交际的	□	勤劳的
□	被动的	□	温柔的	□	聪明的	□	热心的
□	固执的	□	体贴的	□	爱运动的	□	有正义感的
□	孝顺的	□	爱助人的	□	主动积极的	□	不善言语的
□	害羞的	□	有野心的	□	富有创意的	□	懒惰的
□	脾气暴躁的	□	爱幻想的	□	勇敢的	□	机智的
□	爱动脑筋的	□	干净的	□	善良的	□	富有想象力的
□	冲动的	□	有爱心的	□	挑剔的	□	有恒心的
□	懒散的	□	谦虚的	□	活泼的	□	踏实的
□	坦率的	□	讲义气	□	认真的	□	胆小的
□	独立的	□	大大咧咧的	□	强势的	□	无主见的
□	同情心的	□	木讷的	□	自律的		

表 2.4.1　不同人眼中的我

我眼中的我	
爸爸眼中的我	
妈妈眼中的我	
同学眼中的我	
老师眼中的我	
其他人眼中的我	

评析

每个人都有独特的潜能和才能，但很多时候我们却没有意识到自己的潜力。这是人生中最大的遗憾之一。就像 1 枚 1 角硬币和 1 张 100 元纸币，如果沉在海底，它们对于我们来说没有任何价值。只有当它们被捞起并使用时，它们的价值才会显现出来。同样地，只有当我们深刻地认识自己并发挥我们无穷的智慧时，我们的价值和才能才会真正体现出来。

扩展习题

1. 自我认识的过程是一个持续的过程，哪种方式是最有效的途径？（　　）

A. 社交媒体　B. 家庭教育　C. 学校教育　D. 个人反思与体验

2. 以下哪一行为可以帮助发掘自己的潜力？（　　）

A. 参加各种不同的兴趣班和活动　B. 尽量避免与不同的人交流和合作

C. 只专注于自己已经熟悉的领域　D. 不断追求外界的认可和赞许

答案：D　A

互动交流 2　正视自己的不足

动物王国新办了一所动物学校，动物爸爸和动物妈妈纷纷送它们的孩子去学习。这所学校开设了四门课程：跑步课、游泳课、爬行课和飞行课。每个小动物都必须参加这 4 门课的考试。

兔子在跑步课上表现得特别出色，总是领先其他同学。但是在爬行课上，它的表现平平，勉强及格。学得最糟的是游泳和飞行。兔子第一次下水，几乎被水呛死。从那以后，它每次见到水都会害怕得发抖。在飞行课上，不管兔子怎么努力，却一下也飞不起来。它只好跑到一个屋顶，试图从那里往下跳，希望能找到“飞”的感觉。但不幸的是，它摔断了两根腿骨。现在，兔子连跑步课都上不了了，只能休学在家。

鸭子在游泳课上表现得非常出色。但在飞行方面，尽管它有一对翅膀，但无法高飞。在跑步方面，鸭子的成绩更是糟糕。它跑得太慢，每天放学后都要被留下来练习跑步。

不幸的是，它的脚被路上有棱角的石头割破了，还遭到其他动物的嘲笑。鸭子因此感到自卑，它很羡慕兔子跑得快。

蛇的爬行成绩名列前茅，游泳成绩也不错。但由于它没有脚和翅膀，跑步和飞行的成绩不好，这使它感到很没面子。蛇总爱争强好胜，想在各个方面都表现出色，这让它每天都不开心。

鹰是一位非常特别的学生。它只上飞行课，拒绝上其他课程。鹰对校长说："我是一只鹰，我为什么要学习跑步、爬行和游泳？"鹰坚持自己的想法，只上飞行课，想做一只飞得更高、更快的鹰。有老师劝它说，即使成为世界飞行冠军，但其他课程不及格，仍然无法毕业。对此，鹰非常自信，只想一心一意练习飞行。最终，鹰实现了自己的理想和抱负，成为世界飞行冠军。

讨论

1. 请学生谈谈如何看待自己和别人的差异？

2. 心理引导：要正视自己与他人的差异，不要被他人的期望和评价所左右，选择自己擅长的领域发展。

3. 引导学生进行多元智能评估，了解自己的多元智能。

所谓多元智能评估，就是给自己的 9 项智能打分，满分是 10 分。0 分表示不具备这方面的智能，10 分表示这一方面的智能超过了绝大多数同龄人。

（1）语言智能

写作能力强；善于编故事、讲故事；喜欢看书，喜欢文字；擅长语言学习；能说会写。

（2）数理逻辑智能

计算能力强；善于计算、推理；喜欢逻辑难题或智力难题；喜欢将事物分类、作因果推理；思考方式更加概念化、抽象化。

（3）视觉空间智能

阅读图表比文字容易；善于画图、拼图、走迷宫；喜欢制作立体模型；容易记住陌生的街道和路；能够清楚说出想象中的画面；对于空间、距离的判断非常准确。

（4）身体运动智能

喜欢奔跑、跳跃等活动；善于模仿他人的动作；擅长一项或多项运动；动作灵敏、协调；肢体语言丰富；学习时喜欢亲自练习。

（5）音乐旋律智能

喜欢歌曲、音乐、舞蹈；善于记住歌曲的旋律、节奏；会弹奏乐器；喜欢打节拍；身体动作协调、节奏感强；嗓音条件好，会唱歌，善于辨别音调。

（6）人际社交智能

喜欢与人交流；善解人意，体贴他人；擅长处理人际关系；喜欢团队合作；别人喜欢和自己成为朋友；容易被认为是团队中的核心。

（7）内省智能

善于反思；经常思考自己人生的得失；了解自己的优点和缺点；了解自己的兴趣爱好、性格、能力等；喜欢独处；善于从自己和他人的经验中学习。

（8）自然探索智能

喜欢参观动物园、植物园、博物馆；对自然界的事物感兴趣；喜欢照顾动植物；喜欢看有关自然界的电影或书籍；喜欢参与与自然相关的活动，如赏花、观鸟、踏青等；善于学习地理、生物等知识。

（9）存在智能

经常思考有关生死的问题；喜欢阅读哲学、宗教、宇宙相关的书籍或观看相关电影；喜欢思考生命的意义；喜欢与人讨论生命、心灵、哲学等方面的话题；想从事与宗教、哲学、心灵相关的工作；喜欢独处，愿意深入思考关于生命与存在的问题。

请同学们结合对自己的认识，用彩色比萨的形式，把自己的能力组合形式表现出来。

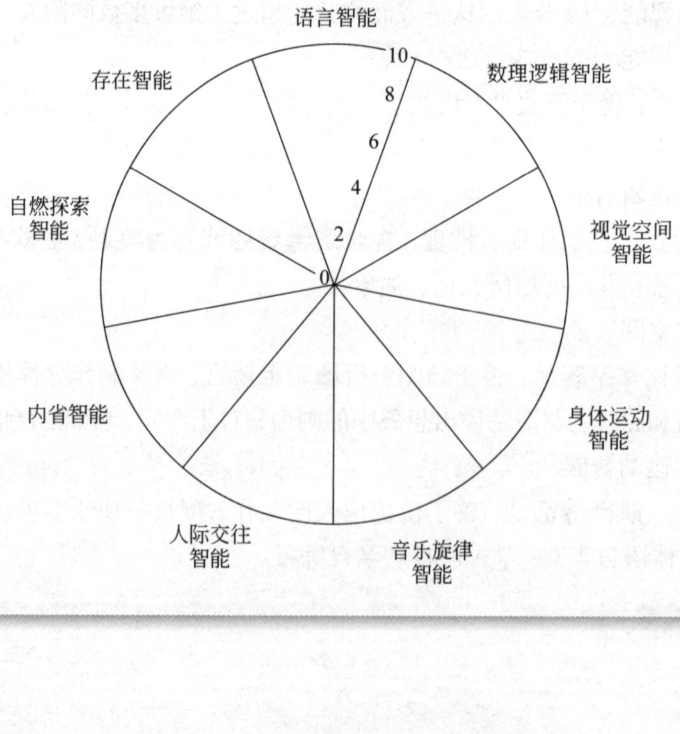

评析

多元智能理论由美国哈佛大学教育研究院的心理发展学家霍华德·加德纳（Howard Gardner）在1983年提出。加德纳研究脑部受创伤的病人，发觉到他们在学习能力上的差异，从而提出该理论。

传统上，学校一直只强调学生在逻辑——数学和语文两方面的发展，但这并不是人所拥有的全部智能。不同的人会有不同的智能组合。例如，建筑师及雕塑家的空间感（视觉空间智能）较强；运动员和芭蕾舞演员的身体素质和灵活性（身体运动智能）较强；公关人员的人际智能较强；作家的内省智能较强等。

根据加德纳的多元智能理论，作为个体，我们每个人都同时拥有相对独立的9种智能，但每个人身上的9种相对独立的智能在现实生活中并不是绝对孤立、毫不相干的，而是以不同方式、不同程度有机地组合在一起。正是这9种智能在每个人身上以不同方式、不同程度组合，才使得每一个人的智能各具特点。每个人都有自己独特的能力和特点。我们不必在所有方面都表现出色，而是要发现并发展自己擅长的方面。无论我们是蛇还是鹰，只要坚持自己的选择，并努力实现自己的目标，就能取得满意的成绩。

互动交流3　提升自己

有一只毛毛虫，生活在美丽的花园里。毛毛虫看着花园中自由自在飞翔的蝴蝶，心生羡慕之情。它渴望能够像蝴蝶一样自由飞翔。

于是，毛毛虫决定开始自己的改变之旅。它向一只智慧的鸟儿请教："鸟儿先生，我想变成一只漂亮的蝴蝶，你能教我吗？"

鸟儿耐心地回答："毛毛虫，你要知道，每个生命都有自己的成长过程。你不能简单地模仿别人，而是要通过自己的努力和改变来实现。"

毛毛虫听了鸟儿的话，开始反思自己。它明白，要成为一只蝴蝶，自己需要经历蜕变的过程。于是，毛毛虫开始筑巢，进入一个安静的角落。它经历了一个又一个阶段的变化，从外表到内在都发生了巨大的转变。

终于有一天，毛毛虫从巢里钻出来，变成了一只美丽的蝴蝶。它展开五彩斑斓的翅膀，自由自在地飞翔在花园中。毛毛虫明白了，自己的改变不是简单地模仿别人，而是通过自己的努力和行动，实现内在和外在的成长。

讨论

1. 教师引导学生思考如何在实际生活中应用所学的方法和策略来提升自己。
2. 教师引导学生制订个人成长计划，包括短期目标、长期目标和具体的行动步骤。

评析

和毛毛虫一样，我们每个人都有自己的特点。我们要认识到自己的优势和不足，并通过学习和努力来提升自己。只有不断地挑战自己，接受新的经历，我们才能蜕变成为更好的自己，展现出独特的魅力和才能。

能力并不是稳定不变的。不同阶段和角色，需要不同的能力。不同能力随着时间的推移也会有所变化，有些能力可能有所衰减，而有些能力则会得到历练和提升。

用变化的眼光看生涯，用变化的眼光看能力。创造条件去发展自己的优势能力，同时也带着发展的眼光看待非优势能力，让自己独特的能力组合成为未来生涯发展的助推器。

2.5 发现自己的闪光点（高中生适用）

能力是指完成特定活动所必需的主观条件，是个体顺利完成活动的心理特征。当个体在某种能力上有着出色的表现时，这种能力就可以成为其闪光点。例如，在音乐方面具备卓越的演奏技巧和音乐感悟能力的人，就可以将音乐能力作为自己的闪光点。通过发现和发挥自己的闪光点，个体可以在相应领域中取得较好的成就，并为社会和他人创造更多的价值。

我们每个人都独一无二，拥有自己独特的才能和潜力。但是，有时候我们可能会迷失在众多的选择和竞争中，不知道自己能够在哪方面闪耀光芒。因此，今天我们将一起探讨如何发现自己的闪光点，并展现最好的自己。

在这个多元化的世界里，我们面临着各种各样的机会和挑战。有的时候，我们可能会放大别人的优秀，产生自卑和迷茫的感觉。但是，每个人有自己独特的才能，只要找到适合自己的领域，就能在其中发光发热。

每个人的闪光点都与众不同，它可能来自我们的兴趣、特长、经验或者价值观。发现自己的闪光点，就像找到了自己的独特之处，是一次自我发现和自我认知的旅程。当我们找到并发挥自己的优势时，我们会感到更加自信和满足，也能够为自己和他人创造更多的价值。

在今天的班会中，我们将一起探索如何发现自己的闪光点。通过分享经验、互相启发和探索，希望能够激发每个人内心的激情。让我们一起勇敢地面对自己，在这个旅程中找到属于自己的闪光点，成为最好的自己！

互动交流1 发现自己的闪光点

从小，小吴就觉得自己平凡无奇。他看着身边的同学们或聪明或才华横溢，感到自己仿佛被埋没在人群之中。

有一天，小吴参加了学校举办的一场才艺表演。虽然内心充满了紧张和不安，但他还是鼓起勇气登上了舞台。尽管他并不是一个出色的音乐家，但他仍选择了弹奏自己心爱的吉他。在舞台上，小吴紧紧握住吉他，用心弹奏着每一个音符。尽管技巧并不完美，但他全身心地投入其中，表达着内心最真实的情感。悠扬的音乐在空中飞舞，仿佛与观众们心灵相通。

小吴弹奏完,全场爆发出热烈的掌声。他惊讶地发现自己竟然能够引起观众的赞赏。这一刻，他意识到自己的音乐才华或许不如其他同学，但他却有一种独特的能力，那就是用音乐触动人心。

从那天起，小吴开始努力发掘自己的闪光点。他报名参加了学校的话剧社，并发现自己在表演方面有一定的天赋。他还参加了学校的写作比赛，用出色的文字表达了自己内心的情感。慢慢地，小吴发现，他虽然平凡，却拥有独特的才华和魅力。

通过不断尝试和探索，小吴明白了，每个人都有自己独特的价值和才能，只是需要找到适合自己的领域并抓住机会去展现。他不再羡慕别人，而是专注于发掘和发展自己的潜力。他开始积极参与各种活动，不断挑战自我，提升自己的能力。无论是音乐、表演还是写作，他都用心去学习和实践，不断追求进步。

随着时间的推移，小吴渐渐成为学校中备受瞩目的人物。他的音乐作品被选中参加国际音乐比赛，他的话剧表演赢得了全校学生的赞赏，他的文章被发表在学校刊物上。他的闪光点成为他的自信和骄傲。

讨论

引导学生讨论以下问题：

1. 在故事中，小吴发现了自己的闪光点是音乐、表演和写作，你认为自己有什么闪光点吗？什么使你感到自信和骄傲？

2. 你认为探索和尝试对于发现自己的闪光点有多重要？你有什么计划或想法来探索自己的潜力和才能吗？

3. 故事中，小吴通过比赛和发表作品等方式来展示自己的闪光点。你认为展示自己的才华和特长对于个人的成长和社会交往有何影响？你有什么经验或想法可以分享吗？

评析

能力是顺利完成某一活动所必需的主观条件。能力直接影响活动效果，是活动顺利完成的个性心理特征。能力总是和人完成一定的活动联系在一起。离开了具体活动，既不能表现人的能力，也不能发展人的能力。在人们完成活动过程中表现出来的能力有所不同。每一种活动都要求参与者具备一定的能力。例如,从事管理工作要具备组织、沟通、宣传等能力。只有在能力上足以胜任工作，才能取得良好的成果。否则，工作就不能顺利进行。

每个人所具有的能力都不仅仅是一种，而是多方面的。对于一个人来说，在他所具有的多项能力中，总有相对较强的能力，也有一般的能力和较差的能力，即每个人的能力都是多种能力以特定的结构结合在一起的。由于不同人的能力结构不同，能力在类型上便形成差异。如果进一步分析，每一种能力也有类型的差别。如记忆能力，有的人属于听觉型，即听觉识记效果较好；有的人属于运动型，即有动作参加时识记效果较好；等等。由于能力类型的差异，人们在实践活动中处理和解决问题的方式和方法常各不相同。

小吴的故事告诉我们，每个人都有自己独特的能力，只是需要用发现的眼光去寻找。我们不必羡慕别人的才华和成就，而应该专注于挖掘自己的潜力。只有找到适合自己的领域，并努力去探索，我们才能在这个世界上发出属于自己的光芒。因此，让我们一起勇敢去探索，寻找自己的闪光点。无论是艺术、科学、体育还是其他领域，只要我们用心投入，努力奋斗，就一定能够发现并展现出自己独特的魅力。不要害怕困难和失败，相信自己的潜力，发现自己的闪光点，创造属于自己的精彩人生！

互动交流 2 接受他人的鼓励和赞扬

大仲马是法国著名作家，被尊称为“通俗小说之王”。然而，他的写作技巧却是自学而来的。他在年轻的时候四处流浪，最终找到了查尔斯叔叔，希望他能帮助自己找到一份工作。

查尔斯叔叔询问大仲马是否精通某个行业，大仲马不好意思地摇了摇头。随后，查尔斯叔叔又问他有哪些优势，大仲马依旧摇头，这让查尔斯叔叔感到困惑。但大仲马仍然留下了自己的地址，准备离开时，查尔斯叔叔看着他写下的地址条，赞扬他的字写得非常漂亮。

大仲马心想，字写得漂亮又有什么用呢？哪份工作需要一个字写得好，但没有其他专长的人呢？大仲马对查尔斯叔叔的话感到困惑。然而，查尔斯叔叔却相信，字写得好便也能写出优秀的文章，这就是大仲马的优点。

听了查尔斯叔叔的话，大仲马开始对自己充满自信，并决定自学写作。他在写作的道路上揭开了自己人生的新篇章。

讨论

引导学生讨论以下问题：

1. 故事中大仲马最初觉得自己一无所长，感到迷茫和沮丧。你是否曾有过类似的感受？如何应对这种情绪？

2. 查尔斯叔叔相信大仲马的字写得好便也能写出优秀的文章。你认为一个人的优点可以在其他领域发挥作用吗？请举例说明。

3. 你认为鼓励和赞扬对他人的成长和自信心有何影响？你有什么经验或想法可以分享吗？

评 析

起初，大仲马觉得自己一无所长，感到迷茫和沮丧。然而，查尔斯叔叔发现了他的闪光点，并夸大他的优点，以此鼓励他。这让大仲马树立了自己的目标，并提高了自信心。他为了这个目标不断努力，最终取得了成功。

自信的关键是肯定自己的优点。每个人都有自己的闪光点，无论是外表还是内在。我们都要学会欣赏和表扬自己。不要总是看到自己的不足，而是要关注自己的优点，这样才能不断提升自信心，将事情做好。

扩展习题

1. 在以下哪个方面你感觉最有自信和成就感？（　　）

A. 沟通和人际关系能力　　B. 创造性思维和艺术才能

C. 分析和解决问题的能力　　D. 组织和领导能力

2. 你最喜欢做的事情是（　　）。

A. 探索新的知识和学习　　B. 帮助他人解决问题和提供支持

C. 创造和设计新的东西　　D. 组织和管理活动或项目

3. 在以下哪个领域你最容易获得别人的认可和赞赏？（　　）

A. 逻辑思维和分析　　B. 表达和演讲

C. 创意和创新　　D. 组织和领导

4. 你在工作或学习中最擅长的是（　　）。

A. 解决复杂的问题和困难　　B. 发现新的方法和创新解决方案

C. 与他人协作和团队合作　　D. 组织和管理项目或任务

答案：无标准答案

2.6 “天生我材必有用”（高中生适用）

唐代诗人李白曾经写道：“天生我材必有用，千金散尽还复来。”这句诗告诉我们，每个人都有自己独特的才华和价值，无论我们出身贫寒还是富贵，每个生命都有无限的潜力和可能。在这个充满竞争的社会中，我们常常会被他人的优秀和成功所震撼，产生自卑和怀疑。然而，我们不能忽视的是，每个人都有自己的特长和优势，只要我们善于发现自己的长处并为之付出努力，我们的才华定将闪耀光芒。

互动交流1 发挥自己的优势

吴孟超是我国著名的肝胆科专家，被誉为“中国肝胆外科之父”。1943年，他通过努力考入了同济大学医学院。毕业实习结束后，他因成绩优异，获得了留校成为一名儿科医生的好机会。然而，吴孟超却毅然决然地放弃了这个机会，选择成为一名外科医生。

在面试外科医生的时候，吴孟超坚定地说：“当一名外科医生一直是我梦寐以求的理想和追求，因为外科手术非常适合我的性格。我胆大、心细、动作敏捷，从小就培养了强大的动手能力……”

事实证明，吴孟超的选择没有错。他的优势在肝胆外科得到了充分发挥。他敢于冒险和挑战，从不轻言放弃，这种性格使他开创了肝胆外科独特的技术和方法。而他那灵巧的双手，被誉为“上帝之手”，传递着生命的火种，挽救了千万患者的生命。

讨论

1. 教师提问：吴孟超院士的生涯选择和发展，可以给我们带来怎样的启发呢？
2. 引导学生思考自己有哪些优势和不足。

评析

吴孟超的故事告诉我们，认识自己的优势并勇敢地追求自己的梦想至关重要。他的勇气和决心让他成为一名卓越的外科医生，他的双手带来了无数生命的奇迹。无论我们面临怎样的选择，只要相信自己的优势，勇敢追求梦想，我们也能够在自己的领域中取得优异的成绩。

选择和规划是贯穿我们一生的命题。小到选课选科，大到选择一个行业或一种生活方式，不同的选择带来不同的人生。作为一名高中生，如何提升自己的生涯规划能力，找到适合自己的最佳选项是需要探讨的话题。学生可以通过通识生涯课程认知生涯规划，包括对个人兴趣、性格、能力、价值观的认识。同时还可以尝试在父母或学校的帮助下，与成功的职场人士面对面地交流，及时获取有关专业、行业、职业的新鲜资讯，对特别向往的职业可以尝试进行短期体验，了解该职业的真实状况，形成对职业的正确认知。通过这样的切身体验，了解人生更多的可能性。

一个人想实现各种可能性，需要根据目标制定奋斗策略。第一步是了解升学途径，厘清各种要求，选择适合自己的路径，并在相应时间节点做好准备；第二步是寻找与自己生涯发展方向契合度高的高校专业，选择相应的选考科目；第三步是根据自身的学习特点与选考时间，平衡选考的个性安排与学校整体安排，寻找到适合自己的学习方式。

每位同学都有权利选择自己想要的职业生涯。在决定了方向后，每位同学都要尝试去充分利用所学的生涯规划知识，全面认识自己的内部世界和有关社会的外部世界，根据自我发展情况逐步建立个性化生涯规划执行书，为成为最好的自己而努力奋斗。

互动交流 2　接受自己的不足

大家都知道李小龙是一个功夫之王，但很少有人知道他练武之前有先天的缺陷。李小龙眼睛近视，他坦诚地说："我从小就近视，所以选择了咏春拳，因为它适合近身战斗。"除此之外，李小龙的两条腿长度不一样。但是他并没有因此而沮丧，相反，他充分发挥了两条腿长短不一的特点。他用左腿进行远距离高踢，如狂风扫叶；用右腿进行短促的阻击性踢法或隐蔽性踢法，近身发腿如发炮。同时，这种不对称的腿长使他摆出的格斗姿势独具特色，成为一种武功流派的典型。李小龙说："我接受我的缺陷，毫无怨言。"因为他一直坚信"天生我材必有用"。正是这种信念支持着他，使他有足够的信心战胜每一次挑战。

讨论

1. 教师结合李小龙的故事，引导学生自我反思，认识自己的不足之处。

2. 心理引导：鼓励学生以积极的态度面对自己的不足，并认识到不足不代表失败，而是提供了改进和成长的机会。

评析

每个人都有自己的特点，面对自己的不足和缺陷，我们应该接受并努力转化为优势，保持积极的心态和坚定的信念。在认识自我时，必须正视自己的弱点。不要试图掩盖自己的不足，而要勇敢地面对自己的缺点，从中寻找改变的途径。无法正视自己的弱点只会让人陷入自欺、自怜之中，让自己在追求进步的道路上越来越困难。

客观认识自我是一种心理技能，也是人类探索真实自我的必经之路。要全面、客观地认识自我，并找到自我存在的问题和解决问题的策略，需要透过他人眼睛观察自己，学会批判性思维，擦亮自己的眼睛正视弱点。只有把握好这些角度和方法，才能更好地了解和提升自己。

互动交流 3　充分发挥潜能

有一只小骆驼好奇地问妈妈："妈妈，为什么我们的睫毛那么长呢？"骆驼妈妈耐心地回答："我们睫毛长是为了保护我们的眼睛。你知道吗，沙漠里时常会有沙尘暴，风沙会刺激眼睛，长睫毛帮助我们在风暴中看清方向，保护我们的视力。"

小骆驼继续好奇地问："妈妈，为什么我们的背那么驼，看起来那么丑？"骆驼妈妈笑着说："这个叫作驼峰，它可以帮助我们在沙漠里存储大量的水和养分，让我们能够耐受数天没有水源和食物的环境。"

小骆驼追问："妈妈，为什么我们的脚掌那么厚呢？"骆驼妈妈开心地回答："我们的脚掌厚实是为了我们能够在沙漠中自如行走。沙子很软，如果我们的脚掌不厚实，我们的身子会陷进去，行动就会非常困难。所以，脚掌的厚度帮助我们在沙漠中长途跋涉，让我们的步伐更加稳健。"

小骆驼听了妈妈的解释，兴奋地说："原来我们身上的特点都是为了在沙漠中生存啊！"

讨论

1. 教师提出问题：你认为每个人都有潜能吗？为什么？
2. 引导学生深入思考和讨论如何充分发挥潜能的问题，并激发他们积极行动的动力。

评析

人的潜能是无限的，但要发挥潜能首先要知己，即要客观全面地认清自我，充分了解自己的职业兴趣、能力结构、职业价值观、行为风格、优势与劣势等。只有正确地认识自己，才能进行准确的职业定位并选择正确的职业发展目标，才能选定适合自己发展的职业生涯路线，才能找到一个能够充分发挥潜能的舞台。在客观认识自我方面，我们至少需要了解以下四个方面：喜欢干什么；能够干什么；最看重什么；适合干什么。正确认识自我越来越受到各界的关注，哈佛大学的入学申请甚至要求申请者剖析自己的优缺点，列举个人兴趣爱好，还要列出 3 项成就并作出说明，从中可见一斑。

扩展习题

1. 潜能的发掘和发挥与以下哪个因素密切相关？（　　）

   A. 社会背景　　B. 基因遗传　　C. 学习环境　　D. 年龄

2. 以下哪个行为有助于发挥潜能和提高个人能力？（　　）

   A. 逃避挑战和困难　　B. 接受新的挑战

   C. 固定思维模式　　D. 避免学习新的技能

3. 以下哪个因素对于充分发挥潜能起到负面影响？（　　）

A. 自信心　　B. 恐惧
C. 积极的态度　　D. 专注力

答案：C　B　B

互动交流 4　能力与职业的关系

我国著名数学家陈景润刚刚大学毕业时被分配到北京四中任教。任教后不久，他却在教学中遇到了困扰。陈景润虽然在数学方面有着非凡的天赋和才华，但他却不擅长表达和与学生沟通。他的教学效果并不如人意，随着时间的推移，他感到越来越疲惫和困惑。

面对职业的挫败和自我怀疑，陈景润决定辞去教师职务，回到家乡过上平静的生活。然而，在他最困顿的时候，他的恩师、时任厦门大学校长的王亚南先生出现了。王亚南了解到陈景润的困境后，决定帮助他重新找到自己的方向。

王亚南聘请陈景润到厦门大学图书馆工作，一边工作一边研究他热爱的数学。这个安排让陈景润感到有了新希望。在图书馆的环境中，他与书籍和数学资料为伴，能够自由地沉浸在他热爱的领域中。陈景润开始更加专注地研究数学，不断提升自己的数学水平。

后来，陈景润在数学领域的研究中，改进了著名数学家华罗庚的研究结果。这个突破引起了华罗庚的注意，他决定将陈景润调入他的团队。这使得陈景润开始了正式的数论研究工作，逐渐在数学界崭露头角。最终，陈景润在数学领域取得了巨大的成功并获得了非凡的成就。他完成了著名的"陈氏定理"，这个定理在数论领域起到了重要的作用。陈景润的贡献被数学界广泛认可，成为我国著名的数学家之一。

讨论

1. 请学生讨论：你认为个人的能力和职业选择之间有多大的关联？你觉得一个人应该如何找到符合自己能力和兴趣的职业？

2. 引导学生思考：你是否遇到过不擅长的事情或领域？你是如何克服困难、提升自己的能力的？

3. 指导学生收集自己崇拜的成功人士的奋斗历程，完成表 2.6.1。

表 2.6.1　理想职业分析

我的理想职业	我最看重该职业带给我的	该行业里我崇拜的对象	他 / 她是如何实现理想的	他 / 她实现理想花费的时间	他 / 她的成功经验	我和他 / 她的相似之处

评 析

个人的能力和才华在不同的职业环境中有不同的表现和适用性。当一个人的能力与工作所需很好地匹配时，他就最容易发挥潜能，创造出令自己满意的成就，从而获得满足感。反之，当一个人的工作所需超出了自己的能力时，他就会产生挫败感，感到焦虑、紧张；而当一个人的能力远远超出工作所需时，他又会感到工作缺乏挑战，觉得乏味。在陈景润的例子中，他之所以能够在数学领域取得巨大的成就，是因为他得到了一个匹配他能力的职业，从而使他的才华得到充分发挥。

第三章　升 学 规 划

3.1　逛逛大学的“象牙塔”（高中生适用）

大学是一个充满知识和智慧的殿堂，常常被人们称为“象牙塔”。它是一个让人向往的地方，也是一方追求知识和成长的沃土。在大学里，我们可以接触各种学科，在各学术领域进行深入研究，初探人类文明的广阔。大学不仅是知识的宝库，更是培养人才的摇篮。在那里，学生可以拓宽视野、培养兴趣、锻炼能力，为未来的发展打下坚实的基础。接下来，我们将一起探索大学的魅力，了解大学生活的方方面面，感受“象牙塔”的风景和精彩！

互动交流 1　了解大学生活

小华是一名高中生，对大学的概念和作用还不是很清楚。在他看来，大学只是一个学习的场所，一个可以获得学历证书的地方。

然而，小华的看法在参观一所大学后发生了改变。在这所大学校园里，他被宽阔的草坪、美丽的建筑和学生们充满活力的身姿所吸引。

在校园里，小华看到了各个学院的建筑，他参观了图书馆，看到了大量的图书和学术期刊，这让他意识到大学是一个知识的海洋，可以满足人们对深入学习的需求。

除此之外，小华还被丰富多彩的活动所吸引。他看到学生们在社团展示自己的才艺，组织各种文化活动和比赛。他发现大学是一个培养兴趣爱好、锻炼能力和结交朋友的地方。

在参观过程中，小华还遇到了一位热情的大学生。大学生向他介绍了大学里的教师和学生之间的互动模式，并告诉他，大学是一个注重学术自由和独立思考的地方，鼓励学生创新发现和探索知识。

通过这次参观，小华对大学有了更深入的认识。他明白了大学不仅仅是一个学习知识的场所，更是 个培养思维、传承文化、拓展人际关系、提升个人素质的地方。他开始意识到大学的重要性，以及大学所能带给他的机遇和成长。

讨论

1. 教师可以准备一些图片或视频素材，展示大学校园的景色、学生的活动以及教学环境等。

2. 教师鼓励学生思考他们对大学的期望和目标，以及他们准备如何迎接大学生活和学习的挑战。

3. 教师可以让学生以大学生的身份，给现在的自己写一封信，通过规划愿景来促进现阶段努力学习。

评析

大学是一个充满知识和活力的地方。它不仅是一个学习的殿堂，更是一个培养人才、启发思想和塑造未来的地方。

互动交流 2 学会学习

小周是某校高一新生，他对大学生活充满了期待和向往。高中刚入学时，他非常积极认真，努力学习。然而，随着时间的推移，他逐渐感觉到自己缺乏学习的目标和动力，于是逐渐放松了自己。

小周开始迷恋上网，沉迷于社交媒体、游戏和视频。他经常逛街、打牌，甚至上课时打瞌睡。他整天心事重重，郁郁寡欢，失去了对学习的兴趣和动力。

一个学年结束后，小周的期末考试成绩很不理想，各科都在 60 分左右。这个结果让小周非常沮丧和后悔，他意识到懒散和放纵给自己带来了巨大的损失。如果再不调整学习状态，将跟向往的大学失之交臂。

讨论

1. 教师介绍高中阶段学习的特点和面临的挑战，以及一名准大学生需要具备的学习能力和方法。

2. 教师提出问题：大学和高中学习有什么区别？

3. 心理引导：强调学生需要具备自主学习的能力，引导他们主动获取知识，理解终身学习的意识。

评析

学生应该意识到自主学习的重要性，建立明确的学习目标和计划。他们需要充分利用高中提供的各种学习资源，拓宽自己的知识面和视野。同时，他们也需要具有良好的时间管理能力并保持自律的习惯，避免过度沉迷于社交媒体和娱乐活动。

扩展习题

1. 在学习中，以下哪种学习方法是最有效的？（ ）
   A. 只在课堂外学习
   B. 从不预习和复习
   C. 只重视课堂学习，不需要额外复习
   D. 制订学习计划，有针对性地学习和复习
2. 在学习中，如何提高记忆力和理解能力？（ ）
   A. 频繁地熬夜学习
   B. 多喝咖啡和能量饮料提升精力
   C. 使用记忆法和概念图帮助记忆和理解
   D. 只关注课本内容，不进行其他拓展学习
3. 在学习中，如何保持良好的学习动力和积极性？（ ）
   A. 多参加课外活动
   B. 制定目标，通过不同的方式学习
   C. 不断比较自己和他人的学习成绩
   D. 避免参加任何课外活动，集中精力学习

答案：D C B

互动交流 3 目标的重要性

有一年，一群意气风发的天之骄子从美国哈佛大学毕业了。在毕业前，哈佛大学选择了其中智力、学历、生活环境条件等相差无几的毕业生对他们进行了一次关于人生目标的调查。

结果是这样的：27% 的人没有目标；60% 的人目标模糊；10% 的人有清晰但比较短期的目标；3% 的人有清晰而长远的目标。

毕业后，他们走上社会，开始了自己的职业生涯。

25 年后，哈佛再次对这些学生进行了跟踪调查。结果是这样的：3% 的有清晰而长远的目标的人，25 年间朝着一个方向不懈努力，几乎都成为社会各界的成功人士，其中不乏行业领袖、社会精英；10% 的有清晰但比较短期的目标的人，短期目标不断地实现，成为各个领域中的专业人士，大都生活在社会的中上层；60% 的目标模糊的人，安稳地生活与工作，但都没有突出的成绩，几乎都生活在社会的中下层；剩下 27% 没有目标的人，过得很不如意，并且常常抱怨他人，抱怨社会，抱怨这个“不肯给他们

机会”的世界。

其实，他们之间的差别或许仅仅在于：25 年前，他们中的一些人知道自己到底要什么，而另一些人则不清楚或不是很清楚。

讨 论

1. 鼓励学生思考目标的重要性。

2. 教师引导学生制定自己的高考目标，并用 PPT 展示选择的理由、专业方向、校园环境、优秀校友等。

评 析

梦想的力量强大无比，不想当将军的士兵不是好士兵。所谓生涯，随着人生角色的转变而划分成若干阶段，但是每个阶段之间并无缝隙，一段生活的结束即是另一段生活的开始。我们今天要做的事情，是为了完成当下的任务，更是为了给下一段人生旅程做好准备。

学生需要一个奋斗目标。有坚定明确的目标，是一个人理智和成熟的标志之一。古往今来，无数事实证明，一个人有了正确的人生理想，就能在黑暗中看到光明，在面对困难、挫折甚至暂时失败时重拾信心，继续努力。强者与弱者、奋起和沉沦之间其实就是理想和信念的差别，一切强者都是为了自己的理想而奋起，一切弱者都是因为失去了生活的目标而沉沦。

理想是前进的动力。心理学家曾提出过一个著名的公式：动力 = 目标价值 × 期望概率。它揭示了个人拼搏的动力与理想之间的正比例关系。当一个人为了具有巨大目标价值的理想而奋斗时，便会产生强大的动力。理想所提供的动力的大小与理想的层次密切相关。一般来说，理想的层次越高，它提供的动力就越大。

理想提升人生境界。人们不仅需要物质享受，还要有充实的精神生活。如果仅满足物质需求，人不会感受到人生的真正意义。理想是人的精神支柱，思想境界、精神面貌、情操志趣、生活态度和生活质量会因理想的不同而大不相同。一个人的理想越崇高，越不会被暂时的困难和挫折压倒，越可能获得广泛的认同和尊重，直至实现最大的人生价值。

3.2 “望文生义”的大学专业（高中生适用）

大学专业的名称并不能完全反映出各专业的实质和将来与之相关的职业。有些专业名称相似，但实际上却属于不同的学科类别，其主修课程和就业领域也有很大差异。例如，“计算机科学与技术”和“信息与计算科学”这两个专业的名称相似，但一个属于工学计算机类，一个属于理学数学类。因此，不论是课程设置还是将来的就业方向都存在较大的区别。此外，对于有些专业的名称我们很难从字面上了解其专业性质。例如，“化学工程与工业生物工程”属于化工与制药类，而“化学生物学”则属于化学类。这些细微差别很难通过名称来清晰区分。另外，有些专业更注重培养技能型人才，与就业密切相关；而有些专业则更注重基础理论，适合继续深造学习。因此，学生和家长在选择专业时不能仅凭借名称来认识专业，需要深入了解专业的课程设置、专业特点以及就业方向，以便做出更明智的选择。

互动交流1 望文生义的选择

小王即将高中毕业，但他对未来要学习的专业感到迷茫。当他听说了“数字传媒设计与制作”专业时，觉得这个专业名称听起来很时尚和有趣，于是他毫不犹豫地将它填入了自己的大学志愿。

然而，进入大学后，小王才发现自己并没有真正了解这个专业到底学什么。他的课程中充斥着大量的编程、数学知识，以及复杂的软件设计操作。小王完全没有接触过这些内容，他感到学习起来非常困难和乏味。

小王在课堂上感到迷茫和无助，他发现自己无法跟上其他同学的进度。他开始怀疑自己的选择，觉得这个专业并不适合自己。然而，由于大学的学习已经深入，他不得不继续坚持下去。

尽管小王努力学习，并尝试适应这个专业，但他总是感到学习十分乏味和无趣，渐渐地失去了对这个专业的兴趣和学习的动力，也没有投入足够的时间和精力在这个专业领域中深度探索。

小王毕业后找工作时面临着很大的困难。他的专业知识储备不足，而且缺乏实践经验。很多公司更愿意选择那些对专业有深入研究并具备相关经验的求职者。

讨论

1. 请学生判断以下对专业的描述是否正确。

（1）会计学专业属于经济学。（错误）

（2）精算学属于数学类专业。（正确）

（3）信息资源管理专业属于计算机类专业。（错误）

（4）航运管理专业属于交通运输类。（正确）

（5）心理学专业毕业后就是当心理医生。（错误）

（6）社会工作专业毕业后在社区街道工作。（错误）

2. 心理引导：使学生明白要客观真实地了解清楚专业情况再做选择。

评析

在选择专业时，我们不能只看专业名称，而是应该深入了解专业的学习内容、要求和就业前景，从而做出更明智的决策。

2024 年 2 月，教育部颁布《普通高等学校本科专业目录（2024 年）》，专业目录共包含 12 个学科门类,93 个专业类,816 种专业。12 个学科门类包括自然科学 4 个：理学、工学、医学、农学；人文和社会科学 8 个：文学、历史学、哲学、经济学、管理学、法学、教育学、艺术学。

扩展习题

1. 在选择专业时，要考虑的最重要的因素是（　　）。

A. 学校的排名和声誉　　B. 父母和亲朋好友的建议

C. 个人兴趣和能力　　D. 市场薪资水平和就业前景

2. 在选择专业时，为了更好地了解专业内容和职业前景，可以采取以下哪种方法？（　　）

A. 参加相关实习或实践项目　　B. 参考他人的意见和建议

C. 根据专业名称做决定　　D. 直接选择最热门的专业

3. 选择专业时，是否应该仅仅追求高薪水？（　　）

A. 是，因为高薪水可以保证财务稳定

B. 否，因为对专业的兴趣和适应性也很重要

C. 是，因为高薪水意味着成功和社会地位

D. 是，因为薪资水平是衡量满足感和幸福感的标准

答案：C　A　B

互动交流 2　大学的烦恼

小冯是一名刚参加完高考的准大学生。听说考试发挥得不错，父母和亲朋好友非常高兴。在填报志愿、选择专业时，父母和亲朋好友纷纷加入讨论，最终一致决定选择省内一所较为知名高校的优势专业——国际经济与贸易。他们一致认为这个专业将来就业前景好。小冯也没有多想，高高兴兴地去上了大学。

然而，真正开始大学学习时，小冯才发现自己要学习高等数学、统计学等理科课程，作为一个擅长文科的学生，他最怕的就是这些学科。他顿时傻眼了，听不懂老师教授的内容也提不起兴趣，每次上这些课时都感到困惑。他经常人坐在课堂上，心却飘到了外面，桌上放着教科书，桌下则摆满了其他的书籍，有时甚至逃课。

小冯感到很苦恼，他知道换专业已经不现实了。他开始反思自己，为什么之前没

有对这个专业做更多的了解。他意识到自己在选择专业时过于依赖他人的意见，没有考虑自己的兴趣和能力。现在，他不得不面对这个挑战。

讨论

1. 教师组织学生思考并讨论：小冯的烦恼来自什么？这个烦恼给他带来了什么损失？

2. 心理引导：使学生明白专业选择的重要性。

3. 教师引导学生与小组内同学进行讨论，将以下专业与可能的职业方向进行连线，并思考专业与职业的关系。

专业名称	未来职业
经济学	公务员
网络与新媒体	教师
临床医学	律师
计算机科学与技术	企业家
人力资源管理	医生
金融学	银行职员
汉语言文学	人力资源专员
心理学	科研人员
法学	IT 工程师
植物科学与技术	销售员

评析

在选择专业时，我们不能盲目听从别人的意见，应该秉持主动性和自主性，充分了解自己的兴趣、能力和优势，同时认真了解专业的学习内容和就业前景。只有这样，我们才能选择适合自己的专业，为未来的职业发展打下坚实的基础。

互动交流3 大学专业的选择

小晨是某省重点高中的高三学生。他性格外向且人缘极好，非常擅长语言表达，经常参加校级的演讲比赛并多次获奖。然而，小晨有一个让人头痛的问题，就是他经常丢三落四，做事粗心，这让家长和老师都很无奈。

与小晨相比，他的好朋友小潘则完全相反。小潘平时做事稳妥，不急不躁。她话不多，却是学校里公认的非常靠谱的人。她的成绩非常出色，同学们遇到难题时都喜欢向她求助，而她也总能够耐心地解答。

小丁是小晨和小潘的好朋友，因为文化课成绩不理想，在家人的支持下开始学习绘画。小丁的绘画才华出众，曾经获得省级中学生绘画竞赛一等奖，在学校里被誉为“小画家”。三位好友经常聚在一起，讨论未来选择大学专业的问题。

小晨感叹道：“现在的专业选择实在是太多了，我爸爸建议我读这个专业，我妈妈建议我读那个专业，我自己也不知道该听谁的意见。”

小丁说：“我正好相反，学习绘画，可选的专业种类不多。我现在最困惑的是，学完这些专业后未来应该做什么呢？”

小潘也诉苦道：“我妈妈说我数学很好，希望我报考数学专业，但我也想学学其他专业的知识。”

这 3 位同学都陷入了对未来专业选择的疑惑中。他们纷纷表示自己并不清楚该如何选择大学专业，对未来的职业更是感到迷茫。

讨论

1. 教师组织学生思考并分享自己想选择的专业，并说一说理由。

2. 心理引导：让学生明白选择专业时可能存在以下几大误区。

（1）根据名称认识专业；

（2）录取分数高的专业就是好专业；

（3）专业等于职业、行业；

（4）只要专业名称相同，在哪所大学都一样；

（5）热门专业就业率高。

评析

在选择专业时，我们应该从以下几个方面进行考虑。

1. 兴趣和特长：选择自己真正感兴趣并且擅长的领域，这样才能在未来的学习和工作中保持动力和成就感。

2. 价值观：选择符合自己价值观的专业，这样才能在工作中找到满足感和成就感。

3. 就业前景：了解各专业的就业前景和行业发展趋势，选择有良好发展前景的专业。

4. 专业要求：了解不同专业的要求，确保自己符合报考条件。

3.3 条条大路通大学（高中生适用）

大学是一个人学习知识、提升能力、为进入职场做准备的重要阶段。为了满足国家对多样化人才的需求，随着高考改革的不断深化，进入大学的方式也变得越来越多样化。除了传统的统一高考招生外，现在部分高校还有综合评价招生、强基计划招生等多种升学路径可供选择。这样的多样化升学路径为学生提供了更多选择的机会，使他们能够根据自己的兴趣、特长和能力来选择最适合自己的大学进入方式。无论是通过哪种途径进入大学，学生都有机会获得全面的教育，提升自己的综合素质，为未来的职业发展打下坚实的基础。

互动交流 1　综合评价招生

小蒋是上海某中学实验班的一名学生，在学校表现出色，尤其擅长政治和历史。他注重时间观念，善于制订学习规划。高一上学期，他立下了考入 985 大学的目标，并希望将来成为一名律师。然而，在高一下学期，他无意间听到同学们谈论几位高三学长、学姐有望通过综合评价招生的方式进入上海交通大学、复旦大学和华东师范大学等名牌大学。这引起了小蒋的兴趣，但他对综合评价招生并不了解，于是向生涯导师张老师求助。

张老师了解了小蒋的需求后，决定在综合评价招生录取结束后，邀请被录取的学生与高一学生进行一次线上交流会，让同学们提前了解所需内容。小蒋非常开心，很珍惜这次沟通的机会。通过与学长、学姐的交流，他对综合评价招生的流程和准备工作有了清晰的了解。于是，小蒋计划在暑假期间专注研究上海地区开展综合评价招生高校的招生简章，确定报考目标，并制订高中阶段的准备计划。

小蒋充满信心地投入暑假的学习中。他利用各种资源，广泛了解目标大学的招生要求和录取标准。他制订了每天的学习计划，合理安排时间，努力提高自己的学术水平和综合素质。他利用网络平台参加各类学术竞赛和社会实践活动,以丰富自己的简历。他还主动向老师请教学习方法和备考技巧，不断提升自己的学习和应试能力。

经过一段时间的努力,小蒋在高中阶段取得了显著的进步。他的学习成绩稳步提高,综合素质也得到了全面的提升。在高三年级即将开始之际,小蒋积极备战综合评价招生,为自己的大学梦想奠定坚实的基础。

讨论

教师请学生介绍一种自己了解的升学路径，其他同学进行补充。

评析

综合评价招生对于考生报考的限制相对较少。通常来说，平时成绩优秀、综合素质过硬的学生，或者成绩优秀且在竞赛中有获奖经历的学生，都应该重视综合评价招生这个升学途径。然而，需要注意的是，虽然综合评价的限报政策相对宽松，但由于各校的校考时间比较密集，近年来高考成绩所占比例也有所提高，考生在报考时仍需对自己的成绩有准确的预估，并谨慎选择报考的学校。

互动交流 2　自主招生

小赵从小就对青铜器痴迷不已。在他只有八九岁的时候，他就对乡村田地里的碎瓷片产生了浓厚的兴趣。他经常捡一些碎瓷片回家收藏，并购买了很多考古方面的书籍自学研究。进入高中后，小赵对于青铜器和古文字的研究已经达到了相当高的水平，甚至已学习了大学考古专业二年级所学的内容。

然而，小赵遇到了严重的偏科问题，这一度引起了家长和老师的担忧。当别人将100% 的精力都投入在学习上时，小赵却将 30% 的精力用在了考古研究上，另外 30% 的精力用在了学生会工作上，剩下的 40% 才用在学习上。尽管他的语文成绩非常突出，但英语和数学相对较弱。到了高二，他的成绩只在一本线的上下徘徊。

然而，进入高三阶段后，小赵决定集中精力提高数学和英语的成绩，开始加倍努力地备考。他虽然保持着对青铜器和古文字的热爱，但将更多的时间放在了学习上。由于小赵在青铜器和古文字研究方面的突出表现，他成功地通过了北京大学的自主招生考试，顺利进入了北大考古学系。

讨论

1. 教师请学生讨论，对这个故事有什么感想和触动。

2. 教师帮助学生更好地理解自主招生的概念和意义，并就备考自主招生给出一些建议，例如：如何发展自己的特长、如何平衡学习和兴趣等。

评析

通过小赵的经历，我们可以看到自主招生对具有特长和独立研究能力的学生来说，是一个非常好的机会。小赵在青铜器和古文字研究方面展现出了突出的才能。虽然在高中时期遇到了偏科问题，但他通过自主学习和努力，取得了相当高的研究水平，这使得他能够在自主招生考试中脱颖而出，被北京大学考古学系录取。

互动交流 3　海归的烦恼

小沈和许多孩子一样，没有考上高中，被父母送到加拿大留学。

他回忆道：“那时候年纪小，管不住自己。”刚到加拿大时，因为思乡心切，又缺少父母的约束，小沈经常和来自国内的留学生朋友一起玩乐，没有心思去学习。

后来，他勉强申请到加拿大一所三流大学，“对专业没什么想法，就随波逐流地选择了国际贸易专业。”小沈说，他原以为出国可以给自己披上一层“金”，以后能找到好工作，但事实却出乎意料。

由于长期生活在华人圈子里，他的英语水平非常一般，而且没有考取相应的资质证书。尽管小沈在国外待了 7 年，花费不少，但在那里找工作却很困难，只能选择回国就业。

然而，他发现海归并不再像以前那样受欢迎了。

回国后，小沈找过十几份工作，但都不理想。最终，他在一家小企业里勉强找到了一份工作。

讨 论

1. 教师引导学生思考为什么小沈出国留学后找不到满意的工作。

2. 心理引导：让学生明白无论选择什么求学路径，一定要结合自己的实际情况，不能盲目跟风。

评 析

出国留学并不一定能够达到预期的效果，甚至可能带来一系列的问题和挑战。在选择出国留学时，需要充分考虑个人的兴趣、能力和目标。

3.4 外面的世界很精彩（高中生适用）

作为高中生，我们正处在人生的关键阶段，面临着诸多选择和决策。在这个时期，我们要思考自己的兴趣、激发内心的热情，并为自己的未来做出明智的选择。外面的世界充满了无限的可能和机遇，等待着我们去探索和挑战。或许，我们在课堂上听过许多关于大学、职业和人生规划的话题。但是，今天的班会将带给我们更多的启发和思考。

想象一下，当我们迈出校门，走进外面的世界时，会有怎样的景象和机遇等待着我们呢？也许有一片广袤的海洋，等待我们去探索其中的奥秘；也许有一座高耸的山峰，期待我们去攀爬登顶；也许有一份梦想的职业，等待我们去追求和经历。

外面的世界充满了无限的可能。那里有着不同的文化、不同的人群，以及各种各样的事物。它是一个展示个人才华和能力的舞台，也是我们实现梦想的舞台。

在这个主题班会中，我们将一起探讨升学规划的重要性。我们将了解到，选择适合自己的学校和专业是一个至关重要的决策，将直接影响我们未来的发展和作为。我们将分享一些关键的因素，更好地了解自己的兴趣和优势，在选择中做出明智的决策。

除了升学规划，我们还将探索如何追寻梦想。我们将了解到，外面的世界充满机遇和挑战，也为我们提供了广阔的发展空间。我们将探讨如何确定自己的梦想，并为之努力奋斗。无论是追求艺术、创业、科学研究还是社会公益，每个人都有机会在未来实现自己的梦想。

互动交流 1 向外探索

从小，小韩就对外面的世界充满了好奇和向往。他常常望着窗外，想象着外面的世界如何精彩。每当他听到别人讲述他们在外面的经历时，小韩总是眼神发光，充满了期待。

随着时间的推移，小韩长大了，他决定追寻自己的梦想，去探索外面的世界。他离开了家乡，踏上了一段新的旅程。

第一站，小韩来到了一个陌生的城市。这里有着繁华的街道、高楼大厦和璀璨的灯光。小韩兴奋地走在街头，观察这个陌生而又充满活力的城市。他遇到了许多不同的人，听到了各种各样的故事。他们分享着自己的经历，让小韩感受到了外面世界的多样性和无限的可能性。

接着，小明踏上了一段旅行，去探索不同的地方。他来到了山区，登上了陡峭的山峰，俯瞰着壮丽的自然风景。他来到了海边，感受着海浪的拍打和海风的呼啸。他来到了小镇，体验着宁静而质朴的生活。

在旅行的过程中，小韩不仅看到了美丽的风景，还结识了许多志同道合的朋友。他们一起分享梦想，互相鼓励和支持，为彼此提供帮助和机会。小韩渐渐明白，外面的世界不仅仅有美丽的风景，更是一个充满机遇的舞台。

最终，小韩回到了自己的家乡，带着丰富的经历和成长后的心态。他明白，外面的世界为我们提供了无限的可能性。只要我们勇敢地去探索，追寻自己的梦想，努力实现目标，就能在这个广阔的舞台上展现自己的才华和能力。

小韩成了一个热爱探索的旅行家，他将自己的经历和故事分享给更多的人。他希望能够激发更多人的勇气和热情，让他们也敢于走出舒适区，追寻自己的梦想，发现外面世界的无限可能性。

讨论

1. 教师组织学生进行小组讨论：在你的升学规划中，你是否有追寻自己的梦想和探索外面世界的计划？你计划去哪些地方或者从事哪些活动来实现这些计划？

2. 教师提问：小韩在旅行过程中遇到了许多不同的人，并从他们那里听到了各种各样的故事。你认为从不同的人和他们的故事中可以学到什么？这些经历如何影响你的升学规划和未来的发展？

评析

在升学规划过程中，我们应该积极培养自己的好奇心，积极寻找自己的兴趣和热情，要有追求梦想的勇气和决心，同时要付出努力去实现自己的目标。此外，我们应该开阔眼界，了解不同的学校和专业选择，积极探索外面世界提供的各种机遇和发展空间。

互动交流2 亲身感受大学生活

高二下学期的暑假，小辉来到国内某知名高校研学，希望和自己在这所大学读书的堂哥一起度过为期半个月的“大学生活”，提前感受大学生的学习和生活状态。

暑假期间，堂哥选修了好几个学院的暑期课程。小辉就和堂哥一起去各个学院，坐在大学的课堂里和来自不同专业的同学一起听课，感受作为一名大学生是如何学习的。作为一名旁听生，小辉虽然听不懂大学里深奥的专业知识，但是却能深深地感受到课堂里浓厚的学术氛围和自由的学习方式。同时，通过听取不同专业的课程，小辉可以零距离接触到不同专业的大学生。这时候，小辉抓住机会，向他们打听专业的情况、学习的知识范围、师资力量、动手实践的机会，等等。

不上课的时间，小辉和堂哥一起去图书馆自习，图书馆里丰厚的藏书让小辉惊叹不已，仿佛徜徉在知识的海洋里。每天晚饭前，堂哥会带着小辉一起去体育馆游泳、健身或是和同学一起打羽毛球。由于堂哥读的是理工科专业，有的晚上还要回到实验室去做实验或者撰写实验报告。小辉有时看堂哥做实验，有时和实验室里的其他哥哥姐姐聊天，听他们讲自己的大学生活。两周的时间虽然很短暂，但是通过这种方式，小辉对大学的生活和学习以及对堂哥所在的大学都有了直观了解。小辉收获满满，不仅仅有了与众不同的体验，更认识了一群优秀的哥哥姐姐。他们有着不同的专业背景，为小辉解答了很多关于大学的疑问。这段时间的经历让小辉更加坚定了自己的志向，对未来的大学生活充满了期待和信心。

讨论

教师组织学生进行小组讨论：你认为与大学生互动和体验大学生活对你的升学规划有什么帮助？你会选择怎样的方式去感受大学生活和了解未来想学习的专业？

评析

早期的体验可以帮助我们更好地了解和规划未来的人生道路。小辉通过与堂哥一起度过半个月的“大学生活”，提前感受了大学生的学习和生活状态。尽管他作为一名旁听生无法理解专业知识，但他却深深感受到了大学课堂的学术氛围和自由的学习形式。他通过与不同专业的学长学姐交流，了解了各个专业的情况。此外，他还去图书馆自习，参与了多项体育活动，体验了大学生活的多样性。这段经历让小辉对大学的学习和生活有了直观了解，也让他更加坚定了自己的志向，增加了对未来的期待。这个故事告诉我们，提前体验大学生活可以帮助我们更好地选择适合自己的专业，规划未来的学习和职业发展。同时，通过与其他学生的交流和参与多样的活动，可以拓宽视野，培养自己全面发展的能力和素养。因此，我们应该积极参与各类学习和体验活动，提前了解并尝试适应大学生活，为自己的未来做好准备。

扩展习题

1. 为了实现自己的梦想，以下哪个策略是最有效的？（　　）

   A. 跟随大多数人的选择　　B. 放弃自己的梦想

   C. 接受挑战并迎难而上　　D. 逃避困难和挑战

2. 在面对困难和挫折时，以下哪种态度是最有助于追寻梦想的？（　　）

   A. 抱怨和放弃　　B. 寻求帮助和支持

   C. 沮丧和消极　　D. 自我激励和积极思维

3. 在选择追寻自己梦想的道路时，以下哪个因素是最重要的？（　　）

   A. 社会期望和压力　　B. 自身兴趣和热情

   C. 薪资和物质利益　　D. 家庭的意见和建议

答案：C　D　B

互动交流3　合理规划，为梦想助力

从小，小杨就有一个梦想：成为一名优秀的建筑师。他喜欢观察周围的建筑物，想象着自己能够设计出独特而美丽的建筑。随着时间的推移，小杨越来越确定自己的梦想，并决心为之努力奋斗。

小杨知道，为了实现自己的梦想，他需要为自己制订一个升学规划。他开始主动寻求老师和家长的指导，得到了他们的一些建议。首先，他需要在学业上保持优秀的成绩，因为这是进入好大学的基础。为此，小杨制订每天的学习计划，合理安排时间，专心学习，做好每一门功课。

除了学习，小杨还知道自己需要培养一些与建筑相关的技能。他报名参加了学校的美术社团，通过学习绘画和设计，他提高了自己的审美能力和创造力。同时，他还参加了一些建筑设计比赛，锻炼自己的团队合作和解决问题的能力。

为了更深入地了解建筑行业，小杨主动寻找机会进行实习。他联系了一位建筑师，请求能够在他的工作室实习。这段实习经历让小杨有机会亲身参与到建筑项目中，学习到了很多实用的知识和技能。他还通过和建筑师的交流，了解到建筑师需要具备的素质和拥有的职责，这让他更加坚定了自己的梦想。

在升学规划中，小杨还特别注重英语的学习。他知道，在国际化的建筑行业中，良好的英语能力是必不可少的。为此，他报名参加了英语角和英语培训班，提高自己的口语和听力能力。他还阅读了很多与建筑相关的英文书籍和杂志，不断扩充自己的词汇量。

通过不断努力和实践，小杨终于考上了一所著名大学的建筑专业。在大学期间，他不断学习和探索，参加各种设计和建筑竞赛，积累经验和提升能力。毕业后，他顺利地加入了一家知名建筑公司，开始了自己建筑师的职业生涯。

讨论

教师请学生思考并讨论：如何进行升学规划？

评析

小杨的故事告诉我们，实现梦想需要经过规划和努力。一个良好的升学规划可以帮助我们更好地迈向梦想的目标。保持优秀的学业成绩，培养相关的技能和素质，积极参与实践和实习，能够帮助我们更好地实现自己的梦想。通过实践，我们可以将学到的知识应用到实际中，锻炼自己解决实际问题的能力。同时，实践也能够丰富我们的经验，拓宽我们的视野，为我们未来的职业发展打下坚实的基础。通过实习，我们有机会接触到真实的工作环境，了解行业的实际运作方式；与专业人士进行交流，进一步提升自己的专业素养。

3.5 艺考体考的花絮（高中生适用）

今天的主题班会我们将要聊一聊艺术类招生和体育类招生。艺术类招生是高等艺术院校或普通高校艺术类专业为培养艺术领域专业人才而招收有艺术专业基础的考生的招生方式。招生时，综合考虑学生的艺术专业成绩和高考文化成绩，择优选拔录取。体育类招生，包括体育单招和体育统招两种方式。艺术类考试和体育类考试是展现个人在才艺和体育方面实力的机会。

互动交流1　艺考的准备

小朱是某中学的学生，从小就对唱歌和演奏各种乐器非常感兴趣。他学习过笛子、二胡和小提琴，并且是学校民乐队的成员。当高一下学期选科的时候，他开始思考自己未来的目标大学和专业。

经过与父母的交流，小朱决定将上海师范大学音乐表演专业作为自己的高考目标。为了更好地了解该专业的要求，他和父母查询了往年的《上海市普通高校艺术类专业统一考试说明》和上海师范大学的艺术类招生简章等资料。他们发现音乐类统考需要考声乐演唱和乐器演奏。

在小朱学习过的乐器中，他最擅长的是二胡。

于是，从高一暑假开始，小朱重新坚持二胡的训练。他每天花一定时间练习，完成二胡老师布置的曲目。这个过程相当辛苦，但他坚持下来了。高二暑假和高三第一学期，他还停课一段时间参加了音乐集训，进一步提高了自己的演奏水平。

高三上学期期末，小朱取得了较好的音乐专业统考成绩。接下来，他开始集中精力复习语文、数学、外语和选考科目。高考后，他在志愿中填报了上海师范大学，并顺利被音乐表演专业录取。

讨论

引导学生讨论以下问题：

1. 为了备考艺考，小朱付出了哪些努力？他是如何安排时间来进行练习和复习的？

2. 小朱参加了音乐集训，你认为集训对他的备考和成绩有何影响？你认为参加集训对备考的重要性是什么？

3. 小朱在高考后顺利被上海师范大学音乐表演专业录取，你认为他的备考经历对他的未来发展有何影响？

评析

小朱的故事告诉我们，通过合理的规划和坚持不懈的努力，我们可以向着自己的梦想前进。无论面对多大的困难和挑战，只要我们有目标、有决心，就能够克服困难，最终实现自己的理想。小朱的成功经历为我们树立了榜样，激励着我们为自己的梦想努力奋斗。

扩展习题

1. 在备考艺考或体考时，以下哪个策略是最有效的？（　　）

   A. 仅仅依靠天赋和天分　　B. 忽视休息和放松

   C. 寻求专业的指导和指导　　D. 避免参加模拟考试和演出机会

2. 在备考艺考或体考时，以下哪种态度是最有助于取得好成绩的？（　　）

   A. 自卑和消极　　B. 自信和积极　　C. 担心和焦虑　　D. 懒散和漫不经心

3. 在备考艺考或体考时，以下哪个方面占据着决定性的地位？（　　）

A. 社会期望和压力　　B. 自身兴趣和热情
C. 薪资和物质利益　　D. 家庭的意见和建议

答案：C　B　B

互动交流 2　艺考体考的影响

李明是一名高中学生，他对舞蹈有着浓厚的兴趣，并且在学校的舞蹈社团中表现出色。随着高中学习旅程的逐渐深入，他开始思考自己未来的发展方向。经过与家人和老师的交流，他决定参加艺考，报考舞蹈专业。

为了准备艺考，李明投入了大量的时间和精力。他参加专业的舞蹈培训班，坚持每天练习舞蹈技巧，提高自己的舞蹈审美。他还积极参加各类舞蹈比赛和演出，提高自己的舞台表现能力。

参加艺考对李明的成长和发展带来了巨大的影响。首先，他通过参加专业培训和比赛，不仅提高了自己的舞蹈水平，还结识了许多志同道合的舞者和导师。他们共同追求舞蹈艺术的梦想，互相鼓励和学习。这样的交流和合作，让李明的舞蹈能力得到了飞速的提升。

此外，参加艺考还让李明更加深入地了解舞蹈行业和相关的专业知识。他通过学习舞蹈理论、舞蹈文化和历史、艺术欣赏等专业知识，拓宽了自己的艺术眼界。他也参观了一些知名的舞蹈学院和剧院，与专业人士交流，了解行业的发展趋势和就业前景。

最重要的是，参加艺考给了李明一个追求梦想的机会。他深知自己对舞蹈的热爱，通过努力和坚持，他有机会将自己的兴趣和爱好转化为职业。即使未来的道路充满了挑战，但他有信心和决心去追求自己的舞蹈梦想。

讨论

教师组织学生小组讨论：参加艺考或体考会对高中学生的成长和发展带来哪些重要的影响？

评析

参加艺考或体考对高中学生的成长和发展具有重要的影响，它让学生有机会追求自己的梦想，为未来的职业奠定坚实的基础。通过参加艺考或体考，学生能够全身心地投入自己热爱的领域，不仅提高专业技能，还培养了坚韧不拔的毅力、自信心和团队合作精神。这些宝贵的品质将伴随他们走向职业舞台，帮助他们在竞争激烈的行业中脱颖而出。

参加艺考或体考还能为学生提供广阔的发展空间。他们可以成为一名专业的舞蹈演员、编舞家、舞台设计师，或者从事舞蹈教育、艺术管理等职业。无论选择哪种职业，他们都能够用自己的才华和热情为社会做出贡献。

3.6 我是“梦想家”（高中生适用）

每个人在成长的过程中都会有自己的梦想和目标。升学规划就是为了帮助我们实现这些梦想，让我们的人生更加充实和有意义。作为“梦想家”，我们应该有追求卓越的勇气和决心，也应该有规划和行动的智慧。

今天我们要一起探讨关于升学规划的重要议题——我是“梦想家”。在这个主题班会中，我们将一起分享与升学规划和梦想有关的经验和故事。无论是想成为一名科学家、艺术家、医生，还是社会工作者，在实现梦想的过程中，希望我们能够互相启发和鼓励，分享成功和失败的经历，一起思考如何规划我们的升学之路。让我们相信，只要我们坚守梦想，努力奋斗，就能够实现自己的目标。

互动交流1 制订升学规划

林婷是一名即将升入大学的高中学生，她一直有一个梦想，那就是成为一名医生，帮助更多的人。为了实现这个梦想，她决定制订一份高中升学规划，为自己的人生道路铺就坚实的基础。

首先，林婷开始研究各个大学的课程设置和教学质量。她与老师和学长学姐们交流，了解各个学校的特点和优势，以便选择最适合自己的大学。经过周密考虑，她选择了一所985大学，这所学校有着良好的学术氛围和医学科研优势。

接下来，林婷为自己设定了明确的目标。她知道成为一名医生需要扎实的科学基础和丰富的医学知识，所以她决定在高中期间重点关注数学、物理、化学、生物方面的学习。她积极参加学校的学科竞赛和实验课程，不断提高自己在科学领域的能力。

此外，林婷还参加了一些医学相关的实习活动。她利用暑假的时间参加了医院的实习项目，亲身感受医生的工作和责任，进一步坚定了自己的人生目标。

在高三时，林婷制订了详细的高考复习计划。她合理安排时间，每天坚持复习各个科目，针对自己的薄弱科目参加相应的辅导班，为高考做了最充分的准备。同时，她还经常自主进行模拟考试，不断提高自己的考试技巧和应试能力。

最终，经过坚持和努力，林婷在高考中取得了优异的成绩，顺利进入了一所知名大学的医学院。在大学期间，她继续努力学习，参与科研项目，并且通过实习和实践进一步锤炼自己的医学技能。

多年后，林婷实现了自己的人生梦想，成为一名优秀的医生。她用自己的医学知识和技能，帮助了无数的病患，为社会作出了贡献。

讨论

1. 教师请学生思考：这个故事带给我们什么启示？
2. 教师组织学生小组讨论如何实现自己的梦想，各小组派代表进行总结发言。
3. 教师请学生结合自己的实际学习生活，制订一份高考复习计划。

评析

这个故事告诉我们，制订高中升学规划对于实现自己的人生梦想至关重要。通过选择合适的学校，设定明确的目标，积极参与相关活动，并且付出努力和坚持，我们可以走向成功的道路，迈向人生的辉煌。

互动交流 2 刘克亚的成功

他出生于皖北一个贫穷的小村庄，6 岁之前没有穿过袜子，上中学之前没有穿过缝纫机做的衣服，衣服都是辛劳的母亲用粗布一针一线缝制的。他过着清苦的生活，默默无闻。然而，他坚信自己的出身不会决定他的人生。

在学业上，他努力奋斗。18 岁那年，他考入了中国科技大学，随后成功进入美国纽约大学学习。在异国他乡，他才发现自己现阶段的英语水平，在国外的环境中只能算得上“哑巴”。当一位自以为是的化学系主任公然羞辱他时，他感到愤怒，但他冷静下来，理智地选择了忍耐。他决定用自己的努力让那个主任刮目相看。

为了提高英语口语水平，他积极参与各种训练。他去百老汇当义工，与本土演员交流，参与即兴表演。这对他来说是个巨大的挑战，但他勇敢地超越自己。两年后，他的英语口语终于达到了令人赞叹的水平，以优异的成绩被美国 4 所顶级商学院同时录取。

他选择就读西北大学，需要 8 万美元的学费。这对于他而言是一个天文数字，但他仍不放弃最后一丝希望。他尝试了各种方法，买彩票、登广告、写信求助，但都没有成功。尽管感到绝望，但他没有放弃。最终，一个被他的执着打动的美国朋友愿意出面担保，帮助他向银行贷款。

他以优异的成绩从凯洛格商学院毕业后，被施贵宝公司聘为市场总监，得到了百万美元的年薪，也为公司创造了巨额销售额。几年后，他放弃了绿卡和丰厚的待遇，回国创办自己的事业，在英语教育和营销领域摸索出了独特的道路。

他就是刘克亚，被称为“营销魔术师”。他还创立了表演英语，将语言学习与表演艺术相结合，通过戏剧、音乐、舞蹈等方式，使英语学习变得生动有趣。他的独特学习方法吸引了众多学生和教育机构的关注，他的课程和演讲活动在全球范围内广受欢迎。他致力于帮助学生提高英语水平，培养自信和表达能力，帮助更多人实现自己的人生梦想。

讨论

1. 教师请学生思考：这个故事带给我们什么启示？

2. 教师请学生思考并讨论：高中阶段我们要为自己的梦想做一些什么准备？

评析

无论出身如何，只要我们有梦想并付出努力，就能够创造属于自己的成功故事。同时，我们也应该关注他人的梦想，并在自己的能力范围内为他们的梦想助力。

互动交流3 学会低头

本杰明·富兰克林是美国杰出的政治家、科学家、思想家和散文家，被誉为“美国之父”。在他少年时期，富兰克林曾去拜访一位前辈。当时的他自信满满，昂首阔步，但一走进门，头却狠狠地撞在门框上，疼痛让他无法开口。

这位前辈慢慢地走出来，看到富兰克林的样子，认真地对他说：“很疼吧？但这是你今天来访问我的最大收获。要想在这个世界上平安无事地生活，你必须时刻谦虚谨慎，该低头时就低头。”

这个经历改变了富兰克林。以前，他自负傲慢，高高在上，认为自己是鹏鸟，而其他人只是燕雀。他总是仰望天空，根本不将周围的人和事放在眼里。然而，当他撞到门框后，才发现门框比自己想象的要低得多。回到家后，富兰克林将这次拜访得到的教训视为最重要的收获，并将其列为一生的行为准则之一。

讨论

引导学生讨论以下问题：

1. 故事中的富兰克林通过撞到门框这个经历，改变了他的态度和行为。你认为这个经历对他的成长和成功有何影响？

2. 你认为自负和傲慢会对人的发展和与他人的关系造成什么样的影响？

3. 你有类似于富兰克林这样的经历吗？请分享一次让你意识到谦虚谨慎重要性的经历，并说说你从中学到了什么。

评析

年轻人怀揣着远大的理想和抱负，往往会因此而变得傲慢自大。然而事实上，对于那些渴望实现自己梦想的人来说，他们更应该保持清醒的头脑。要想进入一扇门，必须让自己的头比门框更低；要想登上成功的顶峰，必须低下头，弯起腰，做好攀登的准备。这个故事提醒我们，无论我们的梦想有多大，都应该保持清醒的头脑和谦逊的态度。只有通过不断学习和努力，虚心接受各种挑战和困难，我们才能实现自己的梦想，并登上成功的巅峰。

互动交流 4　斯特劳斯的牛仔衣

斯特劳斯的母亲是一位裁缝。从小受到母亲的影响，他对时装产生了兴趣。由于家境贫寒，没有多余的布料来训练他的技艺，斯特劳斯就偷偷拿来母亲裁剪后的布角，东拼西凑地制作各种小衣服。

一次，斯特劳斯从家里的凉棚上拿了一块废旧的棚布，制作成了一件衣服。这种粗布在当时只是用来盖棚的，从来没有人用它来做衣服。斯特劳斯穿着自己制作的衣服走在大街上，路过的人甚至以为他是个疯子。

当时，戴维斯是一位著名的时装大师。斯特劳斯的母亲建议他向戴维斯请教，希望他能成为像戴维斯一样成功的时装设计师。那年，斯特劳斯只有 18 岁，他带着自己设计的粗布衣来到了戴维斯的时装设计公司。虽然其他人对这种粗布衣服并不感兴趣，但戴维斯却对它十分欣赏，并将斯特劳斯留了下来。

在戴维斯的鼓励和帮助下，斯特劳斯开始设计粗布衣。但是没有人对这种衣服感兴趣，它们积压在仓库里，就连戴维斯都开始怀疑自己收留斯特劳斯的决定是不是明智的。然而，斯特劳斯一直坚信自己的衣服会受到人们的喜爱，从未放弃对这种衣服的设计和改良。一次偶然的灵感，斯特劳斯尝试将这些粗布衣服运往非洲，卖给那里的劳工们。由于这种粗布价格低廉且耐穿，竟然很受劳工们的欢迎，很快就卖光了。斯特劳斯迈出了成功的第一步。

之后，斯特劳斯根据不同布料的特点，设计出了适合旅行者穿着的款式，竟然也受到了旅行爱好者的喜爱。随着这种粗布衣的推广，人们惊奇地发现，这种衣服不仅穿着随意，还有一种独特的风格，不受季节和年龄的限制。于是，大家都纷纷穿起了斯特劳斯设计的粗布衣，后来将它称为牛仔衣，风靡全世界。

讨论

引导学生讨论以下问题：

1. 故事中的斯特劳斯在面对他人对粗布衣的质疑时，没有放弃，坚持相信自己的设计。你认为在面对困难和挑战时，如何保持自信和坚持信念？

2. 斯特劳斯的成功离不开戴维斯的鼓励和帮助。你认为在实现梦想的过程中，有没有人可以帮助你？你会如何寻求和利用这些帮助或资源？

评 析

不轻易放弃是一个人获得成功的重要因素之一。如果斯特劳斯在众人的嘲笑下放弃了自己的理想，那么就不会有今天人们所喜爱的牛仔服。这个故事告诉我们，只要我们相信自己所做的事是正确的，就应该大胆地去追求。只要我们坚持下去，粗布衣也有可能变成漂亮的时装。无论我们面临怎样的困难和嘲笑，只要我们坚定地相信自己，持之以恒地努力，我们就有机会实现梦想。斯特劳斯的故事是一个鼓舞人心的例子，它告诉我们不要轻易放弃，因为成功可能就在我们坚持不懈的努力之后。

3.7 “走马观花”看 360 行（高中生适用）

今天，我们聚集在一起开展这次主题班会，主题是“走马观花”看 360 行。这个主题是为了让大家更加全面地了解和认识不同的职业领域，拓宽未来职业选择的视野。在我们面临高考和职业规划的关键时期，这次班会将为我们提供一个宝贵的机会，去探索各行各业的精彩与挑战。

你是否曾经思考过，未来想要从事什么职业？是医生、工程师、教师还是艺术家？每个人都有自己的兴趣和梦想，但除了我们熟悉的几个行业外，还有很多我们可能从未听说过的职业，它们同样充满着机遇，有着广阔的发展空间。

我们常说“走马观花”，意指匆匆忙忙地看一看，却没有深入了解。而今天，我们要改变这种“走马观花”的看待方式，通过这次班会，我们将有机会近距离接触和了解不同职业的工作内容、发展前景以及所需的技能和素质，对自己的未来有更清晰的规划，为选择提供支持。让我们一起积极参与、倾听、思考和交流，共同探索未来的道路。

互动交流 1　选择合适的职业

小朱大学毕业后进入了一家知名企业，从事与专业相关的工作。然而，随着时间的推移，他逐渐发现自己对理科领域并没有太大的兴趣，反而在文科方面展现出了很高的天赋和兴趣。

经过深思熟虑，小朱做出了一个重大的职业选择：转行投身于教育行业。他相信这个领域能够更好地发挥他的才华，并为学生们带来宝贵的知识和教育资源。

刚开始的时候，小朱面临着不少困难和挑战。他需要重新学习教育方面的专业知识并培养相关的技能。同时，他也需要面对来自家人和朋友的质疑和担忧。然而，小朱坚信自己的选择是正确的，不断克服困难，努力提升自己在教育领域的专业能力。

随着时间的推移，小朱逐渐适应了教育行业，并取得了不菲的成绩。他的教学方法深受学生们的喜爱和认可，他的教育理念也得到了教育家的赞赏。小朱发现自己对教育事业的热情和投入远超过他之前从事的工作，他从心底里感到满足和充实。

讨论

1. 教师请学生思考：这个故事带给我们什么启示？

2. 教师组织学生小组讨论在进行职业选择时应考虑哪些问题，各小组派代表进行总结发言。

评析

小朱的故事告诉我们，职业选择是一个重要的决策。正确的职业选择可以使个人找到适合自己的道路，发挥潜能，实现人生价值。在面对职业选择时，我们应充分了解自己的兴趣、优势和目标，同时关注行业发展趋势，做出明智的决策。尽管面临各种困难和挑战，但只要我们相信自己的能力和选择，坚持努力，就有机会在各自的领域取得成功。小朱的转行之路是一个启示，鼓励我们去追求自己真正热爱的事业，并为之全力以赴。

互动交流 2　职业选择的权衡

徐莹面临着一个重要的职业选择，她在一家外贸公司做财务，虽然待遇不错，但她感到内心的成就感不足，希望能找到一个更大的平台，提升自己的能力并增强自己的价值感。她现在面临两个选择，一个是老板推荐的工作，继续在原来的行业，但平台更大，工作内容类似；另一个是朋友推荐的工作，转行去培训公司做组织管理。徐莹不知道该如何做出选择。

讨论

教师组织学生小组思考并讨论：在面临职业选择时，你认为应该如何权衡不同选择带来的机会和风险？各小组派代表进行总结发言。

评析

个人的成就感和价值感对于职业发展非常重要。尽管徐莹在原来的工作中待遇不错，但她意识到自己在这个职位上无法获得满足感和成就感。她渴望找到一个更大的平台，提升自己的能力并增强自己的价值感。

追求个人的成就感和价值感是个人职业发展中不可忽视的重要因素。同时，我们在做出职业选择时要综合考虑不同的因素。徐莹面临两个选择，一个是在原行业继续工作但在更大的平台上发展，另一个是转行去培训公司从事组织管理工作。徐莹需要权衡每个选择的机会和风险，同时考虑自己的兴趣和激情。这个故事告诉我们，在职业选择中，需要综合考虑个人的兴趣、机会并对风险进行评估，找到一个平衡点，以实现个人的职业发展和成就。

第四章　变化与适应

4.1 开学第一课（初中生适用）

开学第一课，是一个新的起点。回顾过去的学习经历，我们可以反思自己的学习方法和策略，看看哪些是值得保留和发扬的，哪些是需要改进和调整的。同时，我们也要感恩老师和同学曾经对我们的帮助和支持，他们是我们成长路上的重要伙伴。新学期带给我们无限的可能性和机会。我们要树立积极向上的学习目标，制订明确的学习计划并付诸行动。无论是学习新的知识，培养新的技能，还是发展新的兴趣爱好，都需要我们持之以恒的努力和坚定的信念。

互动交流1　养成良好的学习习惯

一次月考后，小丽高兴地发现自己进入了年级前10名。在密密麻麻的成绩报告单上看到自己的名字时，她兴奋得跳了起来。她的朋友小鹏看到了这一幕，竖起大拇指对她说："看来你这个月的学习没有白费，再接再厉哦！不过，千万别骄傲啊，小心成绩下滑。"小丽沉浸在喜悦中，并没有太在意小鹏的话。

然而，第一次月考之后，小丽觉得自己的成绩似乎稳定了下来，没有过多关注之后的复习计划。她继续按照之前的学习方法学习，但明显感觉状态有所松懈，学习热情不再像之前那样饱满。每天晚上做练习时，她常常会偷懒。本来计划做5道题，但她常常只做2道题就倦意十足地去睡觉了。

第二次月考很快来临，不知是因为小丽的学习方法出了问题，还是精力不够集中，她竟然遭遇了一次"滑铁卢"。之前，小丽的成绩虽然不能名列前茅，但总是在年级前15名。然而，这次她不仅跌出了前10名，甚至跌到了30名之外。

小丽心里一团糟，她回想起之前的兴奋和得意，突然明白了乐极生悲的道理。

讨论

1. 教师引导学生思考如何保持良好的心态。
2. 请学生分享自己认为有助于学习的好习惯，其他学生补充。

评析

当我们因为成绩提高而感到高兴时，往往会不自觉地放松学习；而当我们因为成绩下降而感到灰心时，更容易失去学习的动力。因此，在面对考试的成功与失败时，我们需要调整自己的心态。毕竟，“胜败乃兵家常事”，不管这次结果是成功还是失败，只要我们能够坚持不懈地学习，成功终将会属于我们。

扩展习题

1. 养成良好的学习习惯的重要性体现在（　　）。

A. 可以提高学习效率　　B. 它是社交活动的一部分

C. 它对学习时间表有影响　　D. 不重要，只需努力学习

2. 下面哪个行为不属于良好的学习习惯？（　　）

A. 高效利用时间　　B. 坚持复习和总结

C. 及时完成作业　　D. 拖延和偷懒

答案：A　D

互动交流 2　学习方法的重要性

小孙是某中学初三的学生，今年在中考中取得了班级第 1 名的好成绩。对于这次的成绩，小孙谦虚地表示自己平时在期中、期末考试中都是班里的第 1 名，所以这次中考只是她正常发挥而已。而且她表示在这次中考中的各科成绩并没有特别突出，只能说比较平均。

谈到取得高分的经验，小孙强调平时学习要制订好学习计划，并按部就班地履行计划。她说：“我特别重视学习计划，把每天要做的事情都列出来，然后按照计划一步一步地完成。这已经变成了一种习惯，如果有一天不能按计划完成，就会很不舒服。”

当然，小孙的学习计划不是一成不变的，她会根据自己的学习情况和目标不断调整计划。她还会合理安排时间，保证有足够的时间进行运动和休息，避免过度劳累。

此外，小孙也注重课堂上的积极参与和课后的巩固复习。她认真听讲，做好笔记，并在家里复习课堂知识。她也会利用课外时间阅读相关的书籍以扩大自己的知识面。

讨论

1. 教师让学生制订一份本学期的学习计划，教师可以针对不同的学科和学习需求，提供个性化的建议和策略。

2. 心理引导：使学生明白在学习中拥有良好学习方法的重要性。

评析

许多同学常常感到无奈，因为需要学习的东西太多了，面对课本上那么多知识，每次都不知道从何入手。然而，产生这种困境的主要原因是缺乏学习计划。通过制订一个有效的学习计划，我们可以提高学习效率，充分利用有限的时间来改善自己的不足之处。

扩展习题

1. 下列哪种学习方法可以帮助记忆和理解知识点？（　　）

A. 主动参与讨论和互动　　B. 不重视阅读课本材料

C. 完全依赖老师的讲解　　D. 忽视复习和总结

2. 下列哪种学习方法有助于提高注意力？（　　）

A. 创造一个安静的学习环境　　B. 同时进行多个任务

C. 忽视学习时间的安排　　D. 完全依赖他人的指导

3. 哪种学习方法有助于提高学习效率？（　　）

A. 制订学习计划和设定目标　　B. 随意安排学习活动

C. 忽视时间管理和优先级　　D. 仅仅关注学习时间的长短

答案：A　A　A

互动交流3　进行积极的互动

小秦在阳光中学就读，是一个非常内向和害羞的孩子。他总是默默地坐在教室的一角，不愿意与同学交流，也不积极参加学校的活动。

一天，阳光中学组织了一次烟花晚会，邀请全校的学生参加。小秦听到这个消息后，心里虽然有点期待，但又感到很害怕。他担心自己的害羞会成为与同学们沟通的阻碍。

晚会当天，小秦战战兢兢地来到了学校的操场。他看到操场上摆满了各种彩色的气球，舞台上摆放着烟花和灯光装饰。同学们兴奋地聚集在一起，笑着互相交谈。

小秦默默地站在一旁，他的同学小红走过来，兴高采烈地招呼他说："小秦，来和我们一起玩吧！晚会上有很多好玩的游戏和表演！"听到这句话，小秦心里感到一阵暖意，他鼓起勇气跟着小红走向同学们。

晚会开始了，舞台上的表演精彩纷呈，同学们欢呼雀跃。小秦看到同学们在一起玩耍、笑声不断，他感到十分羡慕，非常想要加入他们。于是，他鼓起勇气主动加入了一场趣味游戏，与同学们一起跳绳、扔沙包，笑声响彻整个操场。

晚会结束后，小秦感到自己焕发了新的活力，他不再感到孤独和害羞，收获了更多的友谊和快乐。他发现同学们也很愿意接纳他，他们一起分享欢乐，这让小秦感到温暖和幸福。

从那天起，小秦变得活跃和开朗。他积极参加学校的各种活动，与同学们一起组织篮球比赛、演出剧目，还参加了学校的艺术社团。他与同学之间的友谊越来越深厚，一起度过了美好的学校时光。

讨论

1. 教师提出问题：积极参加学校活动对我们有哪些益处？
2. 心理引导：沟通合作是一项重要的技能，需要不断地练习和提升。

评析

参与学校活动和与同学交流是促进个人成长和发展的重要途径。通过积极互动，学生可以培养自信心、拓展人际关系、提高沟通合作能力。同时，这也是一个学生寻找快乐和共同成长的机会，让他们在学校中度过美好的时光。

4.2 新学期、心启航（初中生适用）

新学期，同学们即将扬帆起航，踏上新的征程。在这个征程中，大家将学习新的知识，结识新的朋友，培养新的技能，不断追求自我突破和成长。然而，新学期也带来了新的学习任务和压力，大家或许会面临着适应新环境、与新同学相处、学习压力等方面的挑战。因此，我们需要关注自己的心理健康，学会调节情绪，处理压力，保持内心的平静与坚定。

互动交流 1 调整作息的重要性

新学期开始了，同学们都穿着整齐的校服，迈着轻快的步伐走进了教室。然而，小优的情况并不一样。

在暑假里，小优总是迷恋于电视和游戏，每天玩得忘了时间，常常熬夜。他以为假期里无拘无束的生活会让他充满活力，却没想到这种不规律的作息给新学期的学习带来了困扰。

第一天上学，小优起床的时候感觉头昏眼花，精神不济，走路都有点晃。他坐在教室里，听着老师讲课，却感觉思绪不集中，无法专心听讲。老师提问的时候，小优也不敢举手回答，生怕自己不能回答出正确的答案。

放学后，小优心里郁闷极了。他明白自己的问题出在了假期不规律的作息上，决定要改变。于是，他制订了一个新的作息计划。每天早上准时起床，保证充足的睡眠时间；晚上坚持在规定的时间之前休息，远离电子设备。

渐渐地，小优的状态有所改善。他开始恢复了精力和专注力，能够更好地参与课堂学习。他还主动向老师请教不懂的问题，积极参与班级的讨论和活动，成绩也逐渐提升了。

讨论

1. 教师引导学生以小组为单位进行讨论：你怎样度过了一个愉快而有意义的假期？请几位学生到讲台上说一说。

2. 心理引导：引导学生及时调整生物钟，按照上学时的要求调节作息和饮食，每日的活动也尽量向学习靠拢。

评析

保持良好的作息习惯和保证充足的睡眠是迎接新学期的重要准备之一。提前调整作息，为自己创造一个良好的学习环境，有助于我们保持良好的学习状态，在新学期中取得更好的学习成绩，有利于我们的全面发展。

互动交流 2　接纳负面情绪，悦纳自我

在一个阳光明媚的秋日里，一所初中开学了，喜气洋洋的气氛弥漫在整个校园。人声鼎沸的校门口，学生们带着一脸好奇和期待，踏入了新的学期。

小研是一个心思细腻、善良且害羞的女孩。她一直都很努力，可就是因为过去的学习成绩不够理想，她对在新学校的学习和生活不敢抱太大的希望。这一天，她背着沉甸甸的书包，微微低着头，进入了自己的新班级。

初中生活的第一堂课开始了，小研的心情逐渐变得忐忑不安。课堂上同学们纷纷回答问题，她心中的焦虑倍增。她内心感到无比的压力，担心自己会因为学习成绩不好而跟不上其他同学。

下课后，小研坐在教室里，看着那些未解的习题，她感到挫败和无助。她知道，如果不能及时解决课上留下来的疑问，自己将无法跟上课堂的学习进度。她的焦虑感越来越强烈，眼泪不自觉地流了下来。

讨论

1. 教师请学生分享面对新学期的感受和困扰。

2. 心理引导：教师给予学生充分的支持和鼓励，让他们感到自己不是一个人面对困难和焦虑。

评析

在我们面对新环境和挑战时，焦虑和负面情绪是正常的反应。不要把这些情绪看作是自己的缺点或不足，而要接纳它们，理解自己的感受。请相信自己的能力和潜力，坚持努力学习，相信自己能够逐渐克服困难，取得进步和成功。

扩展习题

1. 如何悦纳自我？（ ）
   A. 不断追求完美，不接受自己的缺点和错误
   B. 对自己要求过高，不给自己宽容和善待的空间
   C. 接受自己的独特性和不完美，保持积极的自我认同
   D. 忽视自己的情感和需求，只关注他人的评价和期待
2. 当你遇到负面情绪时，下面哪个选项是适当的应对方式？（ ）
   A. 将情绪压抑在心底，不与他人分享
   B. 找一个人倾诉你的情绪和困惑
   C. 熬夜玩游戏来忘记负面情绪
   D. 指责自己，认为是自己的错导致负面情绪
3. 关于积极应对负面情绪的方法，下面哪个选项是正确的？（ ）
   A. 逃避和回避负面情绪
   B. 寻求专业帮助，如心理咨询或心理治疗
   C. 沉溺于负面情绪中，不主动寻求改变
   D. 将负面情绪转嫁给他人，通过责怪他人来缓解自己的情绪

答案：C　B　B

互动交流3　尝试积极自我暗示

夏天已经悄悄溜走，新学年即将开始。然而，对小雪来说，开学时的心情却低落不已。暑假的悠闲与快乐让小雪感到安逸，她不愿面对繁重的功课和考试压力。每当想到要迎接新挑战，小雪的心情就如同灰云遮蔽了太阳一般。然而，小雪十分聪明，她知道不能一直抱怨和消沉下去。

开学第一天的早上，当闹钟准时响起时，小雪先深呼吸几次，让自己冷静下来。然后，她从镜子里看见自己灿烂的笑容，对自己说："今天是新学期的第一天，我要保持积极的态度，充满自信地面对挑战。"

到了学校，小雪看到了熟悉的老师和同学们，她感到格外亲切，一股暖流瞬间涌上心头。她主动和同学们打招呼，兴奋地讲起了暑假的趣事和对新学期的期待。

上课期间，小雪聚精会神地听讲，积极参与课堂活动。体育课上，她全身心地投入运动中，迈着轻快的步伐，她感受到了积极的能量充满了自己的身体。而当她成功完成一项困难的运动动作时，她内心的自豪感如同花朵在胸中绽放。

放学后，小雪遇到了美术老师，老师提及了为学校墙壁绘制一幅壁画的计划，但表示时间非常紧迫。小雪想到自己擅长绘画，主动提出帮助老师完成这次任务。她用丰富的色彩和独特的创意，将墙壁装点得五彩斑斓，带给大家视觉上的享受和愉悦。

当小雪站在整齐的画作前，欣然接受着大家对她的赞赏时，她明白自己的改变并不仅仅体现在外在的成就上，更重要的是内心的成长和积极的态度。她相信，只要坚持乐观的心态并持续努力，任何困难都将化为推进她前进的强大力量。

渐渐地，小雪的心情愈发充满阳光和希望。每天，她都会对自己说："今天是美好的一天，我要用积极的态度面对每一个挑战。"

讨论

1. 教师提出问题：故事中的小雪是如何改变自己的心态和态度的？
2. 教师引导学生讨论如何应对开学的挑战和压力。

评析

通过尝试积极地自我暗示，我们可以改变自己的心态和行为方式，更好地应对困难和挑战，实现个人的成长和成功。

4.3 新班级、新伙伴（初中生适用）

初中生活是人生中一个重要的阶段，我们将会面临各种新的挑战和机遇。而一个好的班级，一个和谐的集体，是我们共同成长和进步的摇篮。在这里，我们将共同学习、共同进步，互相支持和鼓励，让每个人都能发挥自己的闪光点，展现自己的才华和潜力。在这个班级里，我们有着各种不同的个性和特长，我们要相互尊重，欣赏彼此的特长，共同创造一个温馨、和谐的学习环境。让我们一起迈出第一步，融入这个新的班级，结识新的伙伴。相信通过我们的不懈努力和默契配合，这个班级将会成为我们成长的摇篮，让我们共同编织出一段美好的记忆，书写一段辉煌的青春篇章。

互动交流 1 快速互相了解的方法

从小许进入新班级的第一天起，他就感到有些不知所措。他看到周围都是陌生的面孔，心里有些紧张和不安。他知道自己需要尽快适应新环境，与新同学建立联系。

于是，在第一节课间，小许鼓起勇气主动走向一个看起来友善的同学，微笑着打招呼。他介绍自己的名字，然后问对方的名字。那个同学很友善地回应了他，并分享了一些自己的个人信息。小许感到自己迈出了融入新集体的第一步，心中的紧张感渐渐消散了不少。

接下来的几天，小许每天都会主动去找不同的同学聊天，了解他们的爱好、兴趣和特点。他发现每个人都是独一无二的，有着独特的才能和动人的故事。他用心聆听每一个同学的故事，表达自己的兴趣和想法。在与他们的交流中，小许逐渐找到了共同话题，建立了更深入的联系。

渐渐地，小许发现自己在班级中变得越来越自在，也越来越被同学们接纳。他与新同学们一起参加各种班级活动，一起学习和玩耍。大家之间的友谊和信任在不知不觉中建立起来，小许也变得更加自信和开朗。

讨论

1. 教师组织学生讨论新学期的班级发展目标及相关举措。

2. 教师组织学生做自我介绍，每位同学先说自己的名字，然后讲一讲自己有什么特长，以及对班级的期望。

评析

当面对新环境和陌生的人群时，主动沟通、倾听和尊重他人以及探索共同话题是快速互相了解的有效手段。这些交流技巧可以帮助我们建立起友谊和信任，同时也能在无形中提升自信心，使我们展现出更加积极和开朗的态度。

互动交流2　学会尊重和包容

故事发生在寒冷的冬天，教室门外出现了一个名叫小茜的女孩子。她低垂着头，衣服满是缝补的痕迹，鞋子也破损不堪。但所有的同学都默不作声地盯着她看，没有人对这个新同学微笑或打招呼。小茜被安排到了小何的旁边，她微笑着向小何打招呼，但小何却没有回应，反而把椅子挪远了些，不理会小茜善意的微笑。

每天当小茜走进教室时，小何总是扭头看向别处，从未对她有所回应。在大家一起玩耍的时候，小何也像其他人一样疏远小茜。每当小茜询问能否和他们一起玩时，答案总是否定的。即便小茜带来了她的玩具，大家也装作没有看见。于是，小茜总是一个人孤独地待着。

逐渐地，大家开始嘲笑她，嘲笑她的衣服、鞋子、午餐，还有她带来的旧玩具。为此，小茜还被大家起了一个不雅的外号。

后来，小茜的座位空了，她再也没有出现过。有一天，老师在课堂上和大家一起讨论“善良”这个主题。老师拿来一个大碗，盛满水，在大家的围观下，她向水中扔进一颗石子。水面上荡漾开了一层层的小波纹。老师告诉大家，我们所做的每一件小事都会像这波纹一样传播出去，影响整个世界。随后，老师让每个人都说说自己做过的善举，并扔下一颗石子。这节关于“再微小的善举都可以让世界变得更好”的课结束后，小何才恍然意识到，他失去了与小茜交流的机会。

从那以后，小何每天都期待着小茜能再度回来，他发誓一定会用最温暖的微笑迎接她。然而，小茜却搬走了，再也没有回来。那天下午，小何独自走在回家的路上。路过池塘时，他心中满是想对小茜说的话语和未曾展现出的善意。他一次又一次地向池塘扔石子，看着水面上荡漾的波纹扩散开去。太阳渐渐落到枫树林后面，小何凝望着水面上的波纹，他意识到向小茜表达善意的机会似乎随着时间的流逝而愈发渺茫。

讨论

1. 教师提问：这个故事给我们什么样的启示？

2. 心理引导：帮助学生理解和践行尊重和包容的价值观，营造和谐、友好的班级氛围。

评析

当我们与他人相处时，我们应该看到对方的优点，欣赏他们的特长，并尽量帮助他们改善自己的不足之处。只有相互包容和理解，我们才能建立起真正的友谊，并使我们的关系更加牢固和美好。

扩展习题

1. 当遇到与自己观点不同的人时，我们应该如何应对？（　　）

   A. 坚持己见，不与对方交流

   B. 批评对方的观点，争论到底

   C. 尊重对方的观点，试图理解对方的思考方式

   D. 避开与对方的交流，不与其产生冲突

2. 在多元文化的环境中，我们应该如何对待不同的文化习俗和价值观？（　　）

   A. 坚持自己的文化习俗和价值观，不接受其他文化的影响

   B. 轻视并批评其他文化的习俗和价值观

   C. 尊重并包容不同的文化习俗和价值观

   D. 忽视其他文化的存在，只关注自己的文化

3. 当他人犯错误时，我们应该如何处理？（　）

A. 批评和指责他人的错误

B. 忽视他人的错误，不加以干预

C. 维护他人的尊严，适当提醒并帮助他们改正错误

D. 不与他人交流，避免涉及错误的讨论

答案：C　C　C

互动交流3　快速融入新集体

冬冬的老家位于中国偏远的农村地区，那里山清水秀，自然环境优美。然而，由于父母希望给冬冬更好的教育机会和生活条件，他们决定带着冬冬一起迁往城市生活。在城市中，冬冬的父母在菜市场摆摊卖菜，而他则在附近的一所学校就读。

对冬冬来说，这是一次极大的变化。繁华的都市、耸立的高楼大厦让他感到陌生和迷茫。从一个小村庄到大城市，冬冬的内心充满了困惑和不安。在老家，他表现出色，成绩优异，备受老师和同学们的关注和喜爱。然而，现如今，他面对宽敞明亮的教室、现代化的教学设备，还有一群口若悬河说着普通话的同学们，他变得沉默寡言。

冬冬担心自己一开口就会被别人嘲笑，害怕别人看不起自己这个从农村来的孩子。在他们眼中，冬冬是一个“土掉渣”的同学。同学们课下总是谈论明星偶像，热衷于讨论时尚名牌，周末和假期更多的是出去玩或者和家人一起度假旅游。而冬冬则是帮助父母在菜市场卖菜，他的“旅游”只是偶尔回老家看望亲人。

冬冬渴望能像同学们一样自信地参与他们的谈话，想要加入这个集体，但又担心他们会看不起自己。他渴望能够分享自己的故事和经历，但内心却充满了恐惧和焦虑。他想通过努力学习和适应新环境来改变现状，希望能够真正融入这个大家庭，成为受他人尊重和认可的一员。

讨论

1. 教师提出问题：来到城市后，你认为冬冬在新的班级中面临的最大困难是什么？为什么？

2. 教师提出问题：你有什么建议可以帮助冬冬克服自己的不安和焦虑，提高自信心？

评析

在面对新的环境和挑战时，我们应当保持自信、努力适应新环境，同时做到互相尊重、积极帮助和支持彼此，以建立良好的人际关系，顺利融入新的集体，并在此过程中不断发现自己的价值和潜力。

4.4 新环境、新生活（初中生适用）

初中，作为我们学习生活的新起点，带给我们很多新的机遇和挑战。或许有些同学对面临的新环境感到兴奋和期待，也可能有一些同学感到紧张和不安。无论是哪一种情绪，我们都要积极面对，勇敢迎接新的挑战。进入初中，我们将学习更加全面的知识体系、面对更加复杂的人际关系和更加繁忙的学习任务。我们将要适应新的学习方法和学习节奏，结交新的朋友，适应新的班级和老师。初中生活给我们提供了许多自主学习和发展的机会，也要求我们更加自律和努力。这些都是我们成长的必经之路，也是我们迈向成功的第一步。相信在新的起点上，我们将迎来更加丰硕的成长。

互动交流1 适应新的课程和学习方式

新学期开始了，小宁进入了初中，他面对着前所未有的学习压力。刚开始的几周，小宁感到有些紧张，因为他发现要学习的科目越来越多，而且难度也在逐渐加大。与小学时相比，他需要花更多的时间和精力来理解新的知识点。

在小学时，小宁每次考试都能取得优异的成绩，因此他并没有太在意考试。同时，家长也对分数并不过于看重，更加注重他的快乐和兴趣。然而，进入初中后，一切都发生了变化。考试的频率增加了,难度也提高了。小宁发现自己的考试成绩出现了波动，有时候甚至下滑很多名。这让他感到沮丧和失望。

随着每次考试结果的变化，家长开始更加关注小宁的成绩。他们希望他能够保持以前的优秀表现，这给小宁带来了更大的压力。这种压力让小宁变得更加紧张和焦虑，他甚至怀疑自己是否有能力应对这样的挑战。

讨论

1. 教师引导学生思考初中学习与小学学习的不同之处。
2. 鼓励学生分享自己的学习方法，以及他们在学习中遇到的问题和解决办法。

评析

初中是一个新的阶段，学习内容和难度都有所增加。这种变化是正常的，我们需要意识到并接受这个事实。在面对初中学业时，我们可以主动了解新的课程设置，以更好地适应新的学习环境。可以通过与老师和同学们交流，积极参与学校活动和课外活动，培养自己的学习兴趣和能力。此外，我们也应该制订合理的学习计划，分配好学习时间，掌握学习方法，多做练习和复习，提高自己的学习效率。

扩展习题

1. 对于初中生来说，最有效的学习时间是（　　）。

A. 课堂时间　　B. 课后时间　　C. 早自习时间　　D. 晚自习时间

2. 小升初后，学生会面临哪些学习内容和方式上的变化？（　　）

A. 更多的课外活动和社团参与

B. 学习科目和难度的增加

C. 学习时间的减少，更多的自由时间

D. 不需要再进行考试和测验

3. 小升初后，学生需要如何调整学习方式？（　　）

A. 不做任何调整，继续使用小学时的学习方式

B. 只重视课堂笔记，不做任何额外的复习

C. 尝试不同的学习方法，根据自己的情况找到适合自己的方式

D. 完全依赖老师和同学的帮助，不自己独立学习

4. 小升初后，学生应该如何应对学习压力的增加？（　　）

A. 放弃课外活动，将所有时间都用于学习

B. 完全依赖家长和老师的帮助，不自己独立应对学习压力

C. 寻求老师和同学的支持，寻找适当的学习和放松的平衡

D. 不去上课，觉得自己无法应对新的学习压力

5. 小升初后，学生需要如何进行复习和记忆新的学习内容？（　　）

A. 只依赖课堂笔记，不做任何额外的复习和记忆

B. 完全依赖家长或同学的帮助，不自己进行复习和记忆

C. 制订复习计划，定期回顾和巩固课堂学习内容

D. 不需要复习，相信自己可以随时回忆起学过的内容

答案：A　B　C　C　C

互动交流 2　熟悉新的校园和学校规则

彤彤上小学时，非常期盼初中的生活。她憧憬着新的学习环境和更成熟的自己。然而，当初中生活正式开始时，她却感觉还没有完全调整好自己的心态，经常怀念起小学生活的点点滴滴。

回顾近期的初中生活，彤彤发现自己还没有完全熟悉校园。她不知道各科老师的办公室在哪里，但又不敢去找，也不敢去问。虽然这个问题并没有对她现在的学习和生活产生太大的影响，但她心里还是有些不安。

每天回到家，彤彤写完作业后常常望着小学毕业照发呆。她看着照片上熟悉的笑脸，

回忆起和小学同学们在一起的点点滴滴。她清晰地记得在毕业联欢会上含泪许下的承诺：升入中学后一定要保持联系。然而，随着升入中学，他们开始了各自忙碌的新生活，似乎把这些承诺都遗忘了。虽然彤彤在同一个学校里有几个曾经的同学，但由于不在一个班级，他们见面的机会很少。而她最要好的朋友却去了另外一所学校，虽然有几次打电话给她，但她忽然不知道要说什么，就马上挂断了电话。彤彤为此感到困惑不已，常常问自己："我怎么了？"

实际上，彤彤也很想和现在班级里的同学们打成一片，但她不知道该如何开始。每次看到其他同学聚在一起玩闹的时候，她都非常羡慕。她几次想主动围过去打个招呼，但又担心大家不理她，她会感到很没面子。所以她就一直等着同学们主动和她交流，然而十多天过去了，还是没有等到。她感到非常失望和孤独，心里的失落感更加强烈。

彤彤还想当班干部，但班级的干部选举是自我推荐和同学推荐并行的制度。虽然她自我推荐了，但周围的同学却没有推荐她，这让她感到非常难过。

讨论

1. 教师请学生谈一谈对新校园的印象。
2. 教师组织学生画一张校园方位图，并分享交流。

评析

初一是一个全新的起点，我们需要尽快适应新的学校环境，了解学校的规章制度，并且始终遵守学校的各项规定。通过遵守规定，我们能够共同维护学校的良好秩序，营造一个良好的学习和成长环境。因此，让我们一起努力，积极融入新的学校生活，成为一名守纪律、讲规矩的好学生。

互动交流 3　时间管理与生活规划

小杰是一名初一的新生，刚进入初中的他面对新的学习节奏和生活环境时，展现出了出色的适应能力。首先，他勇敢地画了一幅自画像，真实地描绘了自己的特点和优势，这让他更深入地认识了自己的个性和能力。通过这个过程，小杰明确了自己的优势和特长，开始建立自信，为自己的成长奠定了坚实的基础。

在生活和学习上，小杰制定了一份详细的时间规划表，每天设定起床闹钟，一旦闹钟响起，他默数几秒钟后会立刻起床。这种自律的行为让他养成了良好的作息习惯，培养了自律能力。他还积极主动地向老师请教学习方法，做好课前预习、上课专心听讲并且课后及时复习。通过不断的学习和实践，小杰逐渐掌握了高效的学习方法，提高了学习效率，为自己的学业打下了坚实的基础。

小杰严格执行自己的学习和作息计划，对自己的学习进度和生活安排心中有数，逐渐减少了对父母和老师的依赖。这种自我管理的能力让他更加独立和自信，为自己的成长和发展打下了坚实的基础。不久之后，小杰因为他的不懈努力和合理的规划得到了老师和家长的赞扬。他的学习成绩有了明显的提升，同时他也成了同学们学习的榜样。他的积极向上、努力拼搏的精神感染了其他同学，大家纷纷向他学习，并与他建立了深厚的友谊。

讨论

1. 教师请学生分享自己一天是如何度过的。
2. 教师引导学生讨论：你认为应该如何合理地安排自己的学习时间？

评析

在初中阶段，学科数目增加，学业负担变得沉重，同学们需要完成大量的学习任务。如果不能有效地安排时间和提高学习效率，就很难完成任务，跟不上学习进度。即使初一和初二可以勉强应付，到了初三，情况会变得更加困难。此外，除了学习，我们也需要娱乐和放松，毕竟我们不是学习的机器。只有具备时间管理的能力，我们才能有时间来享受娱乐和休息，这对提升幸福感至关重要。因此，每名初中生都应该学会时间管理，成为自己时间的主人。越早学会，越能受益。

4.5 画一张自己的名片（高中生适用）

高中生活将给我们带来许多变化。进入高中阶段，我们将面对新的学习环境、新的班级和同学、更大的学习压力等。这些变化可能会让我们感到不适应和困惑，但同时也给我们提供了展示自己的机会。所以，这个班会的主题要求我们去思考和绘制自己的名片。这个名片不仅仅包含我们的姓名和班级，更是我们内在的个性、优势和潜能的展示。通过这个名片，我们可以更好地认识自己，将自己展现给他人，并且在新的环境中适应和发展。

互动交流 1 绘制自己的名片

毕加索是一位著名的画家，他以卖画为生，因此人脉对他而言非常重要。然而，由于他是一个独自在法国生活的外籍艺术家，社交对他来说是一个难题。但是，聪明的毕加索采取了一种独特的社交策略，让他成功地建立了自己的人脉关系。

毕加索选择了与画商和收藏家合作，而不是参加沙龙。这样他只需要与少数的画商和重要的收藏家交流。因为他不擅长言辞，所以他并不是通过口头交流来建立联系。相反，他利用了自己的绘画技巧，通过为画商和收藏家画肖像画来与他们交流。

这种独特的社交方式让毕加索成功地避开了自己的缺点，发挥了自己的优点。当他画肖像画时，他需要专注地凝视对方，这种专注让画商和收藏家感到受到了重视和尊重。而且，这些肖像画可以保存下来，成为一种珍贵的纪念品，进一步加深了毕加索与他们之间的情感联系。

通过这种独特的社交方式，毕加索获得了画商和收藏家的支持和赞赏，成功地构建并拓展了自己广泛而坚实的人脉网络。这不仅帮助他在艺术领域取得了成功，还使他的作品得到了更广泛的认可和传播。

讨论

1. 教师提出问题：你觉得在高一新生开学时，通过自我介绍展示自己的特长和才能有什么好处？

2. 教师组织以下活动：

（1）每位同学写一张名片，名片上写出至少5条个人信息，内容要尽量展现自己的个性和想法。

（2）对自己的名片进行设计，以赢得其他同学的兴趣和好感。

（3）每组中的各位同学向同组人推荐自己的名片，同时也推荐自己。

评析

向别人展示自己的特长是一种非常好的社交方式。每个人都有自己独特的优势和才能。通过展示这些特质，我们可以吸引他人的注意并获得赞赏，使别人记住自己，从而建立更深入的社交关系。

互动交流2　一张独特的名片

阳光明媚的公园里，几个白人小孩正在兴高采烈地玩耍，快乐的笑声回荡在公园里。这时，一位推着货车的老人走进了公园。老人身上挂满了各种各样的气球，看起来像是一道行走的彩虹。

白人小孩们立刻被吸引住了，纷纷涌向老人的货车，每个人都买了一个气球。他们兴奋地将气球放飞在天空中，追着它们奔跑。彩色的气球在蓝天白云的映衬下，显得格外绚丽多彩。

然而，在公园的一个小角落里，站着一个黑人小孩。他羡慕地看着白人小孩们，却不敢过去和他们一起玩耍。他心里充满了自卑和不安的情绪，认为自己和他们不一样，难以融入他们的世界。

白人小孩们的身影渐渐消失在远处，黑人小孩才怯生生地走到老人的货车旁。他用略带恳求的语气问道："您可以卖一个气球给我吗？"老人微笑着打量了一下他，温和地说："当然可以。你要什么颜色的？"小孩鼓起勇气说："我要一个黑色的。"脸上写满沧桑的老人惊讶地看了看小孩，随即微笑着给了他一个黑色的气球。小孩付完钱后高兴地接过气球，小手一松，黑气球在微风中轻盈地升起，划破了蓝天白云，形成了一道别样的风景。老人眯起眼睛注视着气球飞起的方向，感受着那份自由与轻快。他温和地拍了拍小孩的后脑勺，深情地说道："孩子，记住，气球能不能升起，不在于它的颜色或形状，而在于气球内是否充满了氢气。同样，一个人的成功与否不是由种族或出身所决定，而是取决于你内心的自信与勇气。"

小孩注视着老人的眼睛，仿佛从他的眼神中领悟到了深刻的道理。

讨论

1. 教师提出问题：老人给黑人小孩一个黑色的气球，对他有什么意义？

2. 心理引导：鼓励学生培养内心的自信和勇气，让他们相信自己的能力和价值，从而勇敢地展示自己的才能和独特之处。

评析

展示自我时的自信和勇气，是一种积极的心态和行动，它不仅塑造着我们的心理状态和自我认知，也影响着他人对我们的评价和态度。通过不断培养内心的自信和勇气，我们可以更好地展示自己，与他人建立起基于真诚与理解的关系，发挥自己的潜力并实现目标。

4.6 请让我来认识你（高中生适用）

每个人都有自己独特的兴趣、情感和经历。我们可以通过交流和互动，发现彼此之间的共同点，建立起深厚的友谊和合作关系。或许你对某个学科非常感兴趣，或许你在某个领域有着独特的才能，或许你有着令人敬佩的经历和故事。我们期待着能够一起发现和分享这些精彩的部分。通过这次班会，我们也希望能够建立起良好的人际关系，培养团结合作的精神。在学习和生活中，我们将面对各种挑战和困难，但是有了彼此的支持和鼓励，我们一定能够披荆斩棘，取得更大的成功。让我们珍惜这次相互认识的机会，主动走出自己的舒适区，勇敢地向其他同学伸出手，用心去倾听、去了解、去认识。相信通过我们的努力和交流，一定会在这个大家庭中建立起真挚的友谊和互助的关系。

互动交流 1　从记住名字开始

小时候，吉姆生长在一个贫困的家庭。由于家境困难，他甚至没有机会上中学。然而，这并没有阻止他追求知识和成功的渴望。

吉姆对学习充满了热情，他利用每一分自由时间读书和学习。虽然没有正式的学业背景，但他凭借自己的不懈努力和卓越才华，逐渐赢得了人们的认可。

在 46 岁那年，吉姆的努力终于得到了回报。他先后被 4 所学院授予荣誉学位，这是对他不懈追求知识的肯定和赞赏。同时，他还被任命为美国民主党全国委员会的主席，这一职位为他提供了更多为社会作出贡献的机会。

当有人向吉姆请教成功的秘诀时，吉姆微笑地伸出手掌，说："我能记住 5 万个人的名字。正是这项能力，帮助我协助富兰克林·罗斯福成了白宫的主人。"

吉姆进一步解释道："每个人都对自己的名字有着特别的感情，而记住他人的名字，实际上是一种隐形的赞美。这种做法能迅速拉近我和任何一个人的距离，让我沟通和办事都变得更加顺利。"

吉姆的能力不仅仅在于记住名字，更重要的是他深刻理解到，关注他人、记住他们的名字是建立良好人际关系的重要基石。通过这种关注和尊重，他能够轻松地与他人建立起浓厚的联系，从而更有效地实现自己的目标。

讨论

1. 请学生谈一谈：你记住了多少同学的名字？是哪些因素使你迅速记住了对方的名字？
2. 请学生谈一谈：那些你没记住姓名的同学，他们有什么共同特点吗？

评析

当你能够准确无误地叫出某人的名字时，这显示出你对他个人的重视和对他话语的认真倾听。这也表明你特意花时间去记住他的名字，并且可能通过多次重复阅读、背记来加深记忆。这反映出你对他的重视和关心。在人际交往中没有人会真正讨厌一个对自己怀有善意和关注的人。因此，通常情况下，当你能够顺利地叫出对方的名字时，可以减少他对你的排斥，增加你的吸引力。

互动交流 2　主动与他人交往

小吕从小就坚持认为自己是个内向的人，不善于与人交往。无论是对老朋友还是新朋友，她总是不停地强调这一点。然而，这种频繁的自我强调却逐渐让她变得越来越封闭。别人也理所当然地将她视为内向的人，进而认为她可能不喜欢参加聚会、游玩等集体活动，所以很少有人主动邀请她参与。

这让小吕感到非常沮丧。她渴望有更多的朋友和社交活动，但每当有人劝她尝试改变一下性格时，她总是固执地说："我天生内向，生命的前十几年都是这样，已经没法改了。而且现在人际关系这么复杂，真正的知己难求，没朋友就没朋友吧。"

然而，小吕内心并不想这样孤独下去。她渴望与人交流，向往参加各种活动，但她总是害怕被拒绝，被嘲笑，所以她选择逃避。她躲在家里，沉浸在书海中，幻想着成为那个能够勇敢闯荡世界的自己。

直到有一天，小吕偶然遇到了一个性格开朗、乐观的女孩，她叫丽丽。丽丽主动和小吕打招呼，和她聊天，让小吕感到既惊讶又感动。小吕发现，和丽丽在一起的时候，她感到非常轻松和愉快，她开始对改变自己的性格有了信心。

讨论

1. 教师提出问题：人为什么要和他人交往？
2. 心理引导：引导学生发现他人的长处，肯定他人的优点。

评析

想要建立良好的人际关系，在交往中不能只做被动的响应者，而应该积极主动地迈出步伐。例如，可以主动向别人介绍自己，主动向别人打招呼，主动帮助别人解决一些小事情。这样才能赢得别人的信任，建立良好的人际关系。

扩展习题

1. 如何主动与人交往？（　　）

A. 主动介绍自己　　B. 主动与别人打招呼

C. 主动帮助别人　　D. 所有选项都正确

2. 以下哪种行为表明一个人只是被动地与他人交往？（　　）

A. 只在被人问话时回答问题　　B. 从不主动与他人交流

C. 不关心他人的事情或需求　　D. 所有选项都正确

答案：D　D

互动交流 3　加深彼此的关系

在杂货店里，有一位孤独的老妇人，名叫张玉芳。她是一个善良而寂寞的人，常常向杂货店的员工小孔倾诉心事。小孔总是耐心地倾听她的唠叨，给予她温暖和关怀。

一天，张玉芳突然对小孔说："小孔，你愿意做我的干儿子吗？"小孔闻言颇感意外，询问道："为什么您突然提出这个建议呢？"张玉芳轻声说道："因为我是一个孤独的老太太，只有像你这样心地善良的孩子，才愿意耐心地听我絮叨。"

小孔被张玉芳所感动，出于内心的同情和责任感，他欣然接受了这份特殊的母子情分。从那天起，他成为张玉芳的干儿子，不仅在杂货店尽心尽力为她服务，而且时常抽空前往她家，陪伴她度过每一个平凡而又温馨的日子。

几年后，张玉芳离世了。在遗嘱中，她明确宣布将唯一的房产留给了她的干儿子小孔。这个决定引起了张玉芳其他亲戚的不满和嫉妒，但面对张玉芳生前的明确意愿，他们也只能无奈接受。

讨论

1. 教师提出问题：你认为一个良好的倾听者应该具备哪些品质和技巧？
2. 教师提出问题：为什么说深入倾听可加深彼此的关系？

评析

耐心倾听是对他人的一种尊重。当我们花费时间和精力，认真聆听别人诉说时，会让对方感到自己的重要性，感到被重视，并因此对我们产生好感。这样，对方不仅会对我们心存感激还可能更加愿意与我们交流。相反，如果我们对别人的话不感兴趣，可能会让对方误以为你对他不够重视或不喜欢他，进而使对方感到被冷落和不愉快。

扩展习题

1. 在沟通过程中，一个理想的倾听者应该（　　）。
   A. 设身处地地听　B. 有选择地听　C. 假装在听　D. 不专注地听
2. 下列谈话方式中，哪一项不恰当？（　　）
   A. 在谈话中出现不愉快时，及时转换话题，调节谈话氛围
   B. 谈话时，给对方发表意见的机会
   C. 谈话时事事都以自己的观点为标准和中心
   D. 在别人谈得兴高采烈时，配合对方的情绪

答案：A　C

第五章　选择与决策

5.1 我的决策平衡单（初中生适用）

任何事物的好坏、利弊都不是绝对的，每个事物的利与弊都同时存在，评价一个事物时应该综合考虑这两方面。不能因为一个事物有弊就完全否定其利，也不能因为一个事物有利就忽略其弊。不同的标准和角度会导致人们对利弊的评价标准不同。

在人的一生中，我们经常需要做出各种决策。而决策的过程就是权衡利弊、取舍得失的过程。生涯决策也是如此，它是个人在众多选择之间权衡利弊，以达到最大价值的过程。为了帮助决策者做出重要决策，人们可以使用决策平衡单这个工具。决策平衡单可以帮助决策者具体分析每个可选择的方案，考虑各种方案的利弊得失，并最终确定优先顺序，选择其中一个行动方案。

权衡利弊、取舍得失需要谨慎的态度。在做决策之前，我们应该三思而后行，认真考虑各种可能的利弊因素。只有经过深思熟虑，制订明确的计划，我们才能更好地实现自己的目标。

互动交流 1　学会使用决策平衡单

小曹是一名初中学生，他面临着一个重要的决策：在暑假参加学校组织的夏令营还是报名参加音乐学校的钢琴培训班。他知道自己既喜欢夏令营的户外活动，又对学习音乐非常感兴趣。

为了帮助自己做出决策，小曹决定使用决策平衡单。他拿出一张纸，将其分为两栏，左边写上“夏令营”，右边写上“钢琴培训班”。

首先，小曹开始列举夏令营的利和弊。他写下了夏令营能够与同学们一起参加各种有趣的户外活动、锻炼身体、增加社交经验的优点。同时，他也意识到夏令营会耗费一些时间，导致他无法专注于音乐学习，这是一个弊端。

接下来，小曹转向右边的钢琴培训班一栏。他写下了学习钢琴可以培养自己的音乐才能、提高自信心和专注力等好处。同时，他也认识到参加钢琴培训班会占用他的时间，无法参加夏令营的一些活动。

小曹再次回顾了他所列举的利弊，发现夏令营和钢琴培训班都有各自的优势和劣势。他意识到自己需要更清晰地了解自己的需求和目标。经过深思熟虑，他认为自己对音乐的热爱更为重要，希望能够在音乐方面有所突破。

最终，小曹决定报名参加音乐学校的钢琴培训班。他知道这意味着他将错过夏令营的一些活动，但他相信通过学习音乐，他能够获得更多的成就感和满足感。

讨论

1. 教师让学生思考：决策平衡单的结果是否可以作为我们的最终选择？
2. 引导学生讨论自己是否曾经使用决策平衡单做出决策。鼓励学生分享自己的经验。

评析

通过使用决策平衡单，小曹能够全面地考虑到夏令营和钢琴培训班的利弊，以及他自己的需要和目标。他做出了基于自己的兴趣和热爱的决策，这将帮助他在音乐领域取得更大的进步。他意识到决策平衡单是一个有用的工具，可以帮助他听从自己的内心，做出适合自己的决策。

扩展习题

1. 在制定决策平衡单时，最重要的一点是什么？（　　）
   A. 确保考虑到所有可能的利弊因素
   B. 尽量选择最有利的方案，无论其他因素如何
   C. 与朋友或家人讨论并听取他们的建议
   D. 不必认真，只要做出决策就好
2. 制定决策平衡单可以帮助你在生活中做出更好的决策吗？（　　）
   A. 可以，它能帮助我更全面地考虑利弊
   B. 不一定，我更相信自己的直觉
   C. 不可以，它的用处不大
   D. 不知道，没有兴趣尝试

答案：A　A

互动交流 2　使用决策平衡单解决问题

小雅是一位创业者，尽管学历不高，但经过多年的努力，她成功地创建了一家零售企业。然而，随着互联网时代的到来，企业的业绩变得极不稳定，这让她非常焦急，

努力寻找着解决办法。

在一次电子商务的会议上，小雅听说了一个概念叫作“3 公里影响圈”。作为一个商业头脑敏锐的人，她很快意识到这个概念的重要性，并决定在自己的企业中应用它。她开始拓宽销售渠道，减少周围客户的流失。通过这个改变，她发现自己需要学习和扩大社交圈。

现在，她面临着 3 个选择：

1. 去某大学就读脱产的工商管理专业硕士研究生，需要参加全国的研究生统一考试。

2. 参加某商学院的专业课程，虽然费用较高，但可以获得专业的商业知识。

3. 加入地区行业协会，参加定期组织的各项学习，学习内容由协会统一安排。

这些选择都有各自的优势和劣势，小雅需要仔细权衡利弊，以选择最适合自己的学习方式。

进行脱产的硕士研究生学习可以掌握系统的商业管理知识，但需要参加全国研究生统一考试，需要付出较多的时间和精力。

参加商学院虽然费用高昂，但可以获得专业的商业知识，并且可以与其他商业人士建立有价值的人脉关系。

加入地区行业协会可以通过定期组织的学习活动获得各种知识，并与地区内的行业人士建立联系。这种选择相对成本较低，但可能缺乏系统的学习。

于是，小雅为自己制作了一张决策平衡单。通过决策平衡单，小雅得出自己的最终选择是参加商学院的学习。

讨论

1. 教师让学生思考：这个故事带给我们什么启示？

2. 教师组织学生小组讨论：我们是否可以完全依赖决策平衡单？各小组派代表进行总结发言。

评析

决策平衡单是一种辅助我们做决策的工具，它可以帮助我们更全面地看清自己内心的想法和情感。其目的是帮助我们权衡利弊、取舍得失，以作出更明智的决策。通过仔细考虑不同选择的利弊和影响，我们可以更清晰地了解我们的目标和价值观，明确追求幸福与满足的路径。然而，我们不能让决策平衡单成为我们生活中唯一的决策依据，而忽略了自己的直觉和内心的声音。我们需要保持对自己内心的敏锐感和倾听，同时结合决策平衡单提供的理性分析，以做出最适合自己的决策。

互动交流3　考虑机会与风险的平衡

保罗·盖蒂是20世纪60年代的世界首富，被称为“石油怪杰”。一次，他需要选择一名助理，经过层层筛选，最终有3人入选。然而，由于他们的能力相当，盖蒂难以做出决策。

在犹豫之际，盖蒂拿起一把钥匙，对人事主管说：“下次再决定助理人选吧。我现在得去参加一个投标会。”然后，他将钥匙塞进一个窄口的花瓶里，假装要将钥匙倒出来，但无法成功。他焦急地对3位候选人说：“糟糕，这是我办公室唯一的一把钥匙，我需要在投标会之前去办公室取文件，你们试试看谁能把钥匙取出来吧。”

前两位候选人小心谨慎地尝试了很多次，但都没有成功。这时一个名叫杰尼的候选人走了上来，他毫不犹豫地抓起花瓶，用力摔在地上。花瓶碎了，杰尼捡起碎瓷片中的钥匙交给了盖蒂。大家都惊讶地看着这一幕，而盖蒂却笑着对杰尼说：“恭喜你成为新助理。花瓶可以再买，但失去的商机却再也找不回来了。”

讨论

教师引导学生思考并讨论以下问题：

1. 为什么盖蒂选择了杰尼作为助理？他的行为给我们什么启示？
2. 你认为决断和果敢的特质在职业生涯中有多重要？可以举例说明。
3. 这个故事中的盖蒂给我们传达了哪些关于决策和机会的重要信息？

评析

成功者之所以能够成功，是因为他们在关键时刻能够权衡利弊得失，做出正确的选择。杰尼在面对困境时，没有被传统思维所束缚，而是敢于采取不同的方法解决问题。他明白商机的重要性，愿意冒险摔坏一个花瓶以拯救商机。盖蒂看到了杰尼的果断和勇气，因此决定任用他为新助理。在决策和追求成功的过程中，我们要学会权衡利弊，不被固有的思维限制，敢于创新和冒险。

5.2　决策与行动（初中生适用）

今天我们要讨论的主题是决策与行动。人的一生中，每天都在做出各种各样的决策。从小到大，从学习到生活，决策贯穿着我们生命的每个角落。然而，仅仅做出决策是不够的，我们还需要勇敢地采取行动来实现我们的目标。

但是，我们是否真正理解并掌握了决策与行动的关系呢？我们是否经常犹豫不决，陷入拖延行动的困境中？我们是否害怕决策带来的风险和失败，而选择继续待在舒适区内？在面对选择时，我们是否积极主动地采取行动，努力追求我们的梦想？

决策与行动是一个紧密相连的过程。只有当我们做出决策并付诸行动时，我们才能够真正实现我们的目标和理想。决策是为了指引行动，而行动则是为了实现决策。它们相互依存，缺一不可。

在接下来的班会中，我们将一起探讨决策与行动的重要性，分享我们的经验和故事，学习如何做出明智的决策并勇敢地采取行动。让我们一起激发内心的勇气，追求自己的梦想，为实现自己的目标而努力奋斗。

互动交流1　敢于决策的重要性

有一只小羊误入了沙漠，它非常饥饿。它发现远处有两片草地，心想一定能找到美味的食物。于是，小羊迫不及待地冲向一片草地。当它离这片草地很近的时候，它回头看了看另一片草地，发现另一片草地看起来更加茂密美味。于是，小羊改变了主意，迅速转身奔向另一片草地。

当小羊接近另一片草地时，它又回头看了一眼远处的那片草地，发现远处的草地似乎更加茂盛诱人。小羊犹豫不决，又决定回到之前奔向的那片草地。

小羊在两片草地之间来回奔波，追逐着自己心中最好的选择。然而，渐渐地，小羊耗尽了自己的体力。当它无法再奔跑的时候，它意识到自己没有吃到任何一片草地上的食物。最终，小羊因为饥饿而倒在了沙漠上。

讨论

引导学生思考并讨论以下问题：

1. 这个故事带给我们什么启示？
2. 为什么说敢于决策比善于决策更重要？

评析

在生活中，我们常常面临各种选择。有时候，我们可能会陷入犹豫和追求完美的陷阱中，却忽略了敢于决策比善于决策更重要。我们应该明白，没有完美的选择，每个选择都会有得有失。重要的是，我们要根据自己的情况和实际条件做出决策，并接受选择带来的后果。这个故事提醒我们要珍惜眼前的机会，不要因为追求完美而失去了可能的收获。有时候，我们只需要做出一个合理的选择，并全力以赴去实现它。成功并非全然取决于选择的完美程度，更重要的是我们在选择之后所付出的汗水与坚持。

互动交流2　决策与行动缺一不可

小魏对自己的未来充满了期待和憧憬。他知道生涯规划对于实现自己的梦想至关重要，所以他花了很多时间和精力，仔细研究了自己的兴趣、技能和价值观。他考虑了很多职业选项，但最终他决定追求自己热爱的艺术领域。他知道这是一个充满挑战性和不确定性的行业，但他相信只有追随内心的声音，才能过上充实而有意义的生活。

小魏知道只有想法是不够的，他需要付诸行动来实现自己的梦想。于是，他开始积极寻找与艺术相关的机会和项目。他参加了各种艺术培训班，提升自己的技能。他还主动参与学校的艺术社团，并积极参加各种演出和展览。通过这些经历，他不仅锻炼了自己的技能，还结识了许多志同道合的朋友。然而，生涯规划的路途并不总是一帆风顺。小魏在面对困难和挫折时曾经陷入迷茫和沮丧的情绪中。有一次，他参加了一场艺术比赛，结果没有获奖。这次失败的经历让他怀疑自己的选择，他开始质疑自己是否应该继续追寻艺术之路。然而，小魏并没有放弃。他回顾了自己的初衷和梦想，重新点燃了内心对艺术的热情和信念。他明白决策的背后需要付出努力和坚持不懈的行动。

于是，小魏重新审视自己的学习计划，并寻求导师和专业人士的指导。他参加了更多的比赛，不断提升自己的艺术水平。他也开始主动与其他艺术家和行业专家交流，寻找学习和合作的机会。

随着时间的推移，小魏逐渐取得了一些成果。他的作品开始受到认可，并有机会与知名艺术家合作。他也被邀请参加各种艺术活动和展览，为他的职业发展打下了坚实的基础。

最终，小魏实现了自己的梦想，成为一名备受赞誉的艺术家。他的作品被世人所喜爱，并且他的职业生涯充满了成就感和满足感。

讨论

引导学生思考并讨论以下问题：

1. 小魏在实现梦想的过程中遇到了什么困难和挫折？他在面对困难和挫折时是如何应对的？

2. 从小魏的故事中，我们可以学到什么关于决策和行动的智慧？

评析

在生涯规划中，决策和行动是不可或缺的。只有做出正确的决策，并付诸行动，我们才能实现自己的目标和梦想。同时，我们也要保持积极的态度，面对困难和挫折时不要放弃，寻找解决办法并继续前进。通过不断努力和行动，相信我们终将迎接光明的未来，成就自己的人生。

5.3 机遇与选择（高中生适用）

在我们的人生中会有各种各样的机遇，而我们所做的选择将直接影响我们的未来。每个人都希望能够抓住机遇，追求自己的梦想并实现目标。然而，机遇并非总是掌握在我们的手中，有时它们突如其来，需要我们做出决策。而这些决策，将决定我们是否能够抓住机遇，实现我们的理想。

在高中阶段，我们面临着许多重要的决策。包括选择什么样的大学专业、参加哪些课外活动、与什么样的人交朋友，等等，这些选择将影响我们未来的发展方向和成就的高度。

但是，我们是否真正理解并掌握了机遇与选择的关系呢？我们是否知道如何辨别机遇，如何做出明智的选择？在面对各种机遇时，我们是否能够勇敢地做出决策并承担后果？

在接下来的班会中，我们将一起探讨机遇与选择的重要性，分享我们的经验和故事，学习如何辨别机遇并做出明智的选择。让我们一起激发内心的勇气，追求自己的梦想，为实现自己的目标而努力奋斗。

互动交流 1 毛遂自荐

毛遂周游赵国，成了赵国公子平原君门下的食客。在平原君门下 3 年的时间里，毛遂默默无闻，无法施展自己的才能。

公元前 259 年，秦国对赵国发动了大规模进攻，赵国情况十分危急，于是派平原君去楚国求援。平原君决定挑选 20 名足智多谋的人随同前往，但挑来挑去，只找出了 19 个人。

这时，毛遂主动站出来说："我愿意跟随平原君前往楚国。"

起初，平原君对此并不以为然，认为一个有才能的人在世上就像锥子装在口袋里，锥尖很快就会钻出来，人们也很快就会发现他。而毛遂一直没有展现才能，平原君怎么能带着一个没有才能的人去行使如此重要的使命呢？

然而，毛遂并没有生气，不紧不慢地说："我之所以没有像锥子从口袋里钻出锥尖，是因为我从来就没有像锥子一样进到您的口袋里。"毛遂的坚持最终打动了平原君，他答应让毛遂作为自己的随从之一，连夜前往楚国。

平原君到达楚国后，商谈的进展并不顺利。只有毛遂站在楚王面前，慷慨陈词，申明大义。最终，楚王被毛遂说服，与平原君缔结了盟约，使得赵国得以解围。

讨论

引导学生思考并讨论以下问题：

1. 这个故事带给我们什么启示？

2. 在现实生活中，我们如何判断一个人的潜力和才能？是否存在一些隐藏的人才容易被忽视或埋没？如果是，那原因是什么？

3. 在做出选择时，我们应该如何权衡个人能力和机遇这两个关键因素？是否应该给予那些尚未充分展现才能的人以更多的支持和机会？

4. 在自己的生活中有没有类似的经历？说出你的故事和感受。

评析

不要总是等待别人推荐，如果你有才干，不妨主动站出来，做出自己应有的贡献。毛遂就是通过自己的坚持和努力，在关键时刻挺身而出，抓住了机遇，展现了自己的才能，最终取得了成功。我们每个人都有自己的潜力和才能，只要敢于尝试，勇于发声，就能够创造出属于自己的辉煌。

扩展习题

1. 机遇对于个人的发展而言有多重要？（　　）
   A. 非常重要，机遇在很大程度上影响了我们所能获得的成就
   B. 一般重要，机遇只是影响因素之一，其他因素更重要
   C. 不那么重要，个人的努力和能力更为关键
   D. 不重要，我还没有深入思考过这个问题
2. 面对多个机遇和选择时，以下哪种策略最有助于做出明智的决策？（　　）
   A. 盲目跟从他人的选择　　B. 凭借直觉和第一印象
   C. 深入分析和权衡利弊　　D. 随意选择，听从心情
3. 在面对选择时，以下哪个因素最重要？（　　）
   A. 父母的兴趣和激情　　B. 社会舆论和他人的期望
   C. 短期利益和回报　　D. 长远发展和个人价值观
4. 在做出重要选择时，应该依靠自己的决策还是听从他人的建议？（　　）
   A. 依靠自己的决策，相信自己的直觉和判断
   B. 听从他人的建议，他人的经验和观点更有价值
   C. 综合考虑自己的决策和他人的建议，寻求平衡
   D. 无所谓，随意决定就行

答案：A　C　D　C

互动交流2　抓住成功的机会

在曾经掀起的淘金热潮中，淘金生活极其艰苦，人们尤为是缺乏饮用水。人们在

辛苦挖掘金矿的同时，不断抱怨着：“谁能给我一壶凉水，我情愿用金币交换！”

在这样的抱怨声中，亚默尔敏锐地捕捉到了人们口渴的需求，发现了机遇：如果能够卖水给这些人喝，或许比挖金矿更能赚到钱。

于是他毅然放弃了淘金，用挖金矿的铁锹去挖水渠，将水运送到山谷，一壶一壶地卖给在这里挖金矿的人们。其他淘金者纷纷嘲笑他不挖金子发大财，却做这种微不足道的生意。

然而，随着时间的推移，那些淘金者大都空手而回，许多人甚至饥饿流离，而亚默尔却在短时间内通过卖水发了财。

亚默尔之所以能够发财，并不是因为上帝给予了他特权，而是他敏锐地观察到了商机。淘金者们都深切感受到了没有水的痛苦，抱怨声此起彼伏，但他们却没有意识到这是一个机遇，甚至还嘲笑亚默尔的做法。

讨 论

引导学生思考并讨论以下问题：

1. 在淘金的浪潮中，亚默尔放弃了淘金，选择了卖水这个生意。你认为他做出这个选择是明智的吗?

2. 有时候，机遇可能与我们的期望或目标不完全一致。在做出选择时，我们应该优先考虑什么？个人利益还是机遇存在的潜在价值?

3. 在日常生活中，我们是否可以通过观察和思考，更好地抓住机遇并做出明智的选择？有没有类似的例子可以分享?

评 析

生活中并不缺少信息和机遇，而是缺少捕捉信息、抓住机遇的能力。即使生活中没有明显的机会，有着高超能力的人也能够根据当下的条件创造机会。人们常常从表面上寻找成功的原因，将其归之于外部条件、归之于机遇，但真正决定成功的是人的素质。亚默尔之所以能够成功，正是因为他具备其他淘金者所没有的敏锐洞察信息、抓住机遇的素质。他能够发现并利用别人忽视的信息和机遇。这个故事告诉我们，要想成功，我们需要培养自己的洞察力、创新思维和行动力。

互动交流 3　发现机遇

曾经有一位商人，他继承了父亲的珠宝生意。然而，他并没有父亲那样精明干练，几年之内就把父亲交给他的城里最大的珠宝商场赔光了。

之后，他尝试了服装生意、化妆品生意、钟表生意、印染生意，但都以失败告终。

这时，他已经 52 岁了。在接手父亲珠宝生意后的 25 年里，他屡战屡败。灰白的双鬓似乎在告诉他：他没有经商才能。

他计算了自己的财产，剩下的钱只够买一块离城很远的墓地。

他彻底绝望了。既然自己没有创造财富的能力，就买了块墓地留给自己将来使用，等到那一天命运来临，至少有个安息之所。

这块墓地是个十分荒僻的地方，离城市有 5 公里远。即使是一些贫穷的人，也不愿意买这样的墓地。

然而，奇迹发生了。就在他办完这块墓地的产权手续后的第 15 天，城市公布了一项建设环城高速公路的计划。而这块墓地恰好位于环城高速公路的内侧，紧邻一个十字路口。道路两旁的土地一夜之间价值倍增，而他的这块墓地的价格更是涨了一百多倍。他从未想到，他能靠这块墓地发财。

他顿悟，自己为什么不做房地产生意呢？于是，他卖掉了这块墓地，购买了一些他认为有升值潜力的土地。仅仅过了 5 年，他就成为城里最大的房地产开发商。

讨 论

1. 教师让学生思考：这个故事中的商人通过观察市场的变化和抓住机遇实现了财富的增长。在现实生活中，我们是否也应该保持观察和敏锐的洞察力，以便抓住类似的机遇？

2. 有时候，机遇可能与我们的期望或目标并不完全一致。在做出选择时，我们应该如何权衡机遇的潜在价值和个人的目标和兴趣？教师组织学生进行小组讨论，各小组派代表进行总结发言。

评 析

有时，一个小小的机遇可以改变一个人的命运。在我们的生活中，机遇往往潜藏在前方，等待着我们去发现。关键在于我们是否能够敏锐地察觉到它的存在。对待机遇，需要我们既善于等待，又善于发现，更重要的是善于创造。我们不能只等待机遇的降临，而应该主动去创造机遇。每一粒珍珠蚌里的沙子都有可能转化为宝贵的珍珠，只有通过努力和创造，我们才能将机遇变成真正的财富。所以，让我们努力创造机遇吧，用汗水和努力铺就通向成功的道路。

5.4 借我一双“慧眼”（高中生适用）

在今天这个班会上，我想和大家分享一个关于“慧眼”的故事。我们都知道，眼睛是我们感知世界的窗口，而“慧眼”则是指那种能够洞察问题本质、发现机遇的敏锐的眼力。有时候，我们可能需要借用别人的“慧眼”，来帮助我们解决问题、拓宽视野。

在我们的生活中，有时候我们会感到困惑和迷茫，觉得找不到出路。然而，这正是我们需要运用智慧的时候。我们需要拥有一双慧眼，帮助我们在迷雾中找到一条通向成功的道路。这条道路可能并不容易发现，但只要我们有足够的智慧和洞察力，就能够在困境中寻找到康庄大道。

互动交流 1　于细微处观大局

公元前 200 年冬，为了巩固刚刚建立的汉王朝，刘邦亲自率军出征匈奴。由于连续取得胜利，他们开始产生了轻敌的思想。

在攻打晋阳时，匈奴故意将精锐部队隐匿起来，将老弱病残放在阵前，以示溃败的样子。刘邦派遣侦察人员进行多次侦查，但他却相信了匈奴的伪装。

从匈奴回来的使者娄敬对匈奴的布防产生了怀疑。他认为在两国交战时，应该夸大自己的实力。己方不能只看到匈奴的老弱部队，而忽略了可能埋伏的奇兵。娄敬提醒刘邦不要贸然进攻。

然而，刘邦没有听从娄敬的劝告，仍然率领大军北上。最终，在白登山被围困了七天七夜，侥幸脱险。

“白登之围”中，娄敬展现了远见卓识，之后，他被封为关内侯，并得到了重用。

讨论

1. 教师让学生思考：娄敬为什么对匈奴的伪装产生了怀疑？他的疑虑有何根据？

2. 教师引导学生讨论：娄敬因为远见卓识而得到了封赏和重用，这个故事给我们什么启示？

3. 教师组织学生小组讨论拥有智慧和洞察力的重要性，各小组派代表进行总结发言。

评析

拥有敏锐的洞察力可以使我们更加了解事实、预测风险，从而更好地掌握局势，推动事物的正面发展，并有效遏制负面的因素。只有通过敏锐的观察力，我们才能在复杂多变的环境中准确地辨别真相，做出正确的选择和充分的准备，以确保行动的有效性。同时，我们也能够从细微之处洞察大局，从而更好地把握全局。

互动交流 2　寻找机遇，提高洞察力

许多人都渴望与巴菲特共进午餐，于是有机构决定拍卖与巴菲特共进午餐的机会。

为了获得这个机会，步步高创始人段永平花费了六十二万美元参与竞拍。

对段永平来说，能够得到巴菲特的指点是非常宝贵的，尽管他花费高于去年近两倍的价格，但他仍然觉得非常值得。

在午餐中，巴菲特回答了段永平的问题，并分享了许多行业信息，传授了自己的经验和值得关注的投资方向，让段永平深受启发。

“不要涉足你不了解的领域，不要做空，不要借钱。”这是巴菲特给段永平的忠告之一。段永平谨记巴菲特的指导，避免了许多错误，投资培育了 OPPO、VIVO 这两个国内手机品牌，逐步建立了自己的商业帝国，积累了丰厚的财富。

段永平能够意识到与巴菲特共进午餐背后的价值，察觉到它对于未来发展的益处，并抓住了这个机会。之后，他善用自己手中的资源和人脉，使自己的实力得到提升。

讨论

1. 教师引导学生讨论：段永平如何善用与巴菲特共进午餐的机会来提升自己的实力？
2. 教师让学生思考：这个故事给我们什么启示？

评析

段永平的收获远远超过了这顿午餐的价值，这要归功于他的洞察力。洞察力意味着拥有敏锐的观察力和独特的商业嗅觉，能够捕捉到属于自己的机会，并有勇气积极争取。

洞察力是一项关键的认知能力。洞察力强的人目光锐利，对事物具有敏锐的反应，具有高瞻远瞩的特性。洞察力强的人可以打破固有思维，积极地发现和创造，从而能够主动地掌握规律。以下 3 点可以帮助我们提高自己的洞察力。

① 学会专注并抓住关键点。

② 善于收集有用的信息。

③ 善于及时地修正自己的不足。

互动交流 3　远见和洞察力的重要性

2003 年，华为成立了手机事业部，专注于为运营商定制低端手机，但进展并不顺利。直到 2009 年，余承东的加入才为华为的手机事业带来了历史性的转变。

余承东认为专注于低端手机并没有太大的竞争优势，因此决定放弃低端贴牌手机业务，转而投入研发中高端的华为自有品牌手机。

当时，这个决定被认为是荒谬的，因为中高端手机市场份额已经被三星、诺基亚、摩托罗拉等国际厂商瓜分，华为进入这个领域几乎是自寻死路。

这个新战略引起了巨大的争议，合作伙伴纷纷抵制，甚至有合作伙伴想要终止与华为的合作。华为内部的一些老员工还发起了“倒余运动”，甚至闹到了董事长任正非那里。

最终，任正非以一句话结束了争论：“不支持余承东的工作就是不支持我。”

为了不辜负任正非的信任，余承东走的每一步都充满了忐忑不安。在改善公司的结构、定位和目标受众的过程中，余承东准确预测到了手机品牌的发展趋势，抓住了一系列需要改进的地方。后来，他领导的业务收入也占据了公司收益的一大部分。

余承东以开放的心态面对工作中的难题，不断学习和探索，勇于挑战未知领域。经过时间的积累，他的能力得到了爆发式增长，产生了复利效应，突破了工作上的瓶颈，也远远超过了那些拒绝改变的人。

讨论

1. 教师引导学生讨论：余承东在改善公司结构、定位和目标受众的过程中，展现了怎样的智慧和洞察力？

2. 教师让学生思考：这个故事给我们什么启示？

评析

远见，就是做事的人能够洞察目前的局势，对以后的发展做出精准的决策。

高中生应该尽早对自己的高中生涯进行规划，了解升学路径，找到适合自己的升学路径。有很多招生类型的报名准备时间是前置的，高中生务必早做了解，按自身实际情况理性选择。

5.5 学学“田忌赛马”（高中生适用）

今天，和大家分享一个关于智慧与策略的故事，这个故事被称为《田忌赛马》。田忌是齐国的一位将领，经常和齐威王进行赛马比赛。然而，每次比赛田忌都输给了齐威王，这让他感到非常沮丧。他向智谋高人孙膑诉说了自己屡战屡败的经历。孙膑经过观察发现，田忌和齐威王的马的脚力差不多，且都分为上、中、下三个等级。于是孙膑提出了一个策略。他建议田忌用下等马对付齐威王的上等马，用上等马对付齐威王的中等马，用中等马对付齐威王的下等马。田忌听从了孙膑的建议。在三场比赛中，田忌虽然首场告负，但是另外两场取得了胜利。最终，田忌赢得了齐威王的千金赌注。

这个故事告诉我们，智慧与策略的运用可以改变局势，甚至战胜强劲的对手。通过巧妙的策略和智慧，田忌成功地摆脱了自己一直以来输给齐威王的困境，并最终取得了胜利。这也表明，在比赛中，选择合适的对手和做出合理的策略是取得胜利的关键。

同学们，我们每个人在学习和生活中也面临着各种各样的挑战。但如果我们能够运用智慧和策略，灵活应对，就能够在困境中找到突破口，取得成功。

接下来，我们将一起深入探讨《田忌赛马》故事中的智慧和策略，以及如何运用它们来应对我们所面临的挑战。希望通过这次班会，我们能够获得更多的启发和思考，提升自己的智慧和洞察力。

互动交流1　优化解决问题的策略

曾经有一位老人非常喜欢安静，他家有一个大院子。经常有孩子们来院子里玩耍，他们的吵闹声严重影响了老人的生活。

于是，老人想出了一个办法。他告诉孩子们，每次他们来玩，他都会奖励他们 1 元钱。

起初，孩子们非常开心，每个人都争先恐后地来玩，以获取奖励。

然而，一周后，老人将奖励金额减少到 5 角，然后又减少到 2 角。

最后，老人停止了给孩子们奖励。

孩子们非常愤怒地表示，如果不给钱，他们为什么还要来这里玩呢？从那时起，孩子们再也没有来过老人的院子了。

讨论

1. 教师让学生思考：这个故事中的老人采用了什么样的策略来解决问题？他的策略是否有效？

2. 教师组织学生小组讨论：这个故事带给我们什么关于智慧和策略方面的启示？

3. 教师引导学生思考并讨论：在你的学习过程中，你遇到过需要智慧和策略来解决的挑战吗？你是如何应对的？结果如何？

评析

智慧和策略在解决问题和影响他人行为方面起着重要的作用。现实生活中，我们需要深思熟虑，灵活运用智慧和策略，以达到目标。此外，我们也要意识到单纯的物质奖励并不总是能够长期激励他人，真正的动力应该基于更深层次的关系和价值观。

在学习中，学习策略对我们来说是非常重要的。只有掌握了合适的学习策略，我们才能更好地投入到学习中，从而取得更好的成绩。提升学习效果需采取有效的策略，包括主动学习、分散学习、重复练习、教授他人和自我测试等。这些策略可帮助我们高效学习，实现个人和职业的发展。

互动交流 2 运用智慧和策略解决问题

公元前 354 年，赵国面临着魏国的强大攻击，都城邯郸岌岌可危。幸运的是，赵国的盟友齐国决定伸出援手，派出了军事家孙膑作为支援赵军的主帅。

孙膑明白直接派兵支援赵国会引起魏国的警惕,并且可能无法迅速取得胜利。因此，他决定采取一种间接的策略，通过调离魏军来迫使他们放弃对邯郸的围攻。

孙膑的策略是这样的：他派出一支小部队，假装要进攻魏国首都大梁。这个消息传到魏国后，魏王大为震惊，立即下令让围攻邯郸的军队撤退，以保卫大梁。然而，孙膑早已料到这一点，并没有真的进攻大梁，而是立即转而攻击魏军的后方，破坏他们的补给线，迫使魏军不得不回身保护自己的后方。

这时，被围困在邯郸的赵军看到了机会，他们加入战斗，对围攻邯郸的魏军发起猛烈攻击。在敌人的夹击下，魏军不得不放弃对邯郸的围攻，匆忙撤退回魏国。

讨论

引导学生思考并讨论以下问题：

1. 孙膑为什么选择采取间接策略而不是直接派兵支援赵国？这种策略的优势和风险是什么？

2. 这个故事带给我们什么关于智慧和策略方面的启示和教训？

3. 举一个你认为成功运用智慧和策略的例子，并说明这个例子如何展示了智慧和策略的重要性。

评析

“围魏救赵”的故事充满了智慧和策略。孙膑对形势的敏锐洞察和深刻理解使他能够从绝望的局面中找到胜利的可能性。他的策略不仅成功解救了赵国，还使齐国的援军在付出较小代价的情况下取得了胜利。这个故事提醒我们策略在困境中的重要性。它也告诉我们，在面对困难和挑战时，我们需要像孙膑一样具备敏锐的洞察力，保持头脑的冷静，找到问题的关键所在，并运用智慧寻找解决问题的最佳方式。

互动交流 3 范仲淹智破饥荒：高价收粮，反哺百姓

范仲淹在杭州主政期间，当地爆发了一场大饥荒。饿殍遍野的情景让他必须迅速采取行动来稳定粮价、救助百姓。然而，面对联合起来抬高米价的粮商们，开仓放粮并非易事。

范仲淹经过深思熟虑，采取了一种出人意料的策略——高价收购粮食。他以 150

文一斗的价格从粮商手中收购粮食。这让富商们变得兴奋，他们立刻将米价从 120 文一斗提高到 150 文一斗。百姓们对此感到不满，纷纷指责范仲淹。然而，范仲淹并未过多解释，继续高价收购粮食。

不久之后，杭州的码头停满了运粮船，各地的粮商都想来分一杯羹。此时，范仲淹突然停止高价收购粮食，宣布开仓放粮，免费提供粮食。这一举动导致杭州的粮价暴跌。

此时，外地的运粮船还停在码头上，粮商们面临着两难的选择。如果他们选择将粮食拉回去，将会承受巨额的运输成本和时间损失。若就地抛售，则必须接受远低于预期的价格。因此，他们只能选择以低价出售粮食。这个策略不仅稳定了杭州的粮价，还给了那些囤积居奇的粮商们一个深刻的教训。

讨论

引导学生思考并讨论以下问题：

1. 范仲淹为什么选择了高价收购粮食这种看似不合理的策略？他的目的是什么？
2. 为什么范仲淹选择先让粮价上涨，然后再开仓放粮？

评析

范仲淹用“反哺”之计解决了百姓的燃眉之急。他以民为本、舍己为人的行为，让百姓们赞叹不已，他也被视为宋代难得一见的好官。他运用智慧和策略成功地掌控了整个局面，解决了饥荒问题，同时也给贪婪的粮商们以教训。范仲淹展现了非凡的智慧和卓越的能力，同时也表现出他对人民深切的关怀和强烈的责任担当。

在面对困难和挑战时，我们需要保持冷静思考，灵活应变，制订周密的计划后再行动。只有这样，我们才能在复杂多变的局势中游刃有余，最终取得成功。

后记

十年树木、百年树人。作为一名深耕青少年成长发展的大学教师，我深刻地认识到，教育的力量是塑造个人、家庭和社会未来的重要基石。我希望能够将多年的教育咨询经验凝结在一本书里面，像一盏灯照亮孩子们成长的道路，引领他们走向光明的未来。

之所以从主题班会设计入手，是因为在学校的教育教学中，班会这个看似简单的形式，实则蕴含着巨大的潜力。它能够通过丰富多彩的体验式活动，培养孩子们的集体意识，促进身心发展，培养良好习惯；让孩子们学会团结与合作，学会尊重与理解，学会责任与担当。每一次班会，都是心灵的触碰、情感的交流，都应成为孩子们心中温暖的记忆。

然而，由于缺乏专业的培训，班主任在组织班会时水平参差不齐，教育效果难以保证。所以我们将多年来做课程设计的理论基础与实践经验相结合，以“生涯规划”为主线，针对不同学段的学生特点，撰写了这本《中小学生生涯规划主题班会设计》。这本书不仅让班主任在班会设计中有了实用的工具，而且丰富了“大思政”课程体系的内容和形式，提升了班主任思政工作的理论与技能水平。希望通过精心设计的班会课程，让孩子们在参与中感受到爱，在体验中感受到温暖，在学习中获得价值提升，最终实现自我教育和自我完善的发展目标。

在此，要感谢所有参与本书编写的专家和教师。其中，我完成了全书的统稿和第三章内容的撰写。浦曲老师完成了第一章、第二章、第四章内容的撰写。梁岩老师完成了第五章内容的撰写。还要感谢万志全教授、苏忠义先生、白雅君先生、陈素云女士、侯燕妮女士在本书编辑出版过程中提供的支持和帮助。感谢博雅学业职业发展研究中心的车芳璐老师积极参与本书的资料搜集和文稿校对工作。

让我们携手努力，共同为青少年的生涯发展保驾护航。让每一个生命翩翩起舞。

谷力群

2024 年 10 月于大连